MicroPython プログラミング入門

マイコン制御のためのプログラミングの知識を学ぶ

日向俊二●著

■サンプルファイルのダウンロードについて

本書掲載のサンプルファイルは、下記 URL からダウンロードできます。

https://cutt.jp/books/978-4-87783-530-9

・本書の内容についてのご意見、ご質問は、お名前、ご連絡先を明記のうえ、小社出版部宛文書（郵送または E-mail）でお送りください。
・電話によるお問い合わせはお受けできません。
・本書の解説範囲を越える内容のご質問や、本書の内容と無関係なご質問にはお答えできません。
・匿名のフリーメールアドレスからのお問い合わせには返信しかねます。

本書で取り上げられているシステム名／製品名は、一般に開発各社の登録商標／商品名です。本書では、™ および ® マークは明記していません。本書に掲載されている団体／商品に対して、その商標権を侵害する意図は一切ありません。本書で紹介している URL や各サイトの内容は変更される場合があります。

はじめに

　MicroPython（マイクロパイソン）は、マイクロコンピューターや組み込み機器で使うことを目的に作成されたプログラミング言語です。MicroPython は効率的に実装されていて、リソースが十分でない環境でも快適に動作するように最適化されています。MicroPython は、わずか 256k のコードスペースと 16k の RAM で動作するほどコンパクトです。

　これまでは、マイクロコンピューターや組み込み機器では、プログラミング言語としてアセンブリ言語（アセンブラ）やプログラミング言語 C、C++ が使われて来ました。これらの言語は強力ですが、わずかな間違いでもプログラムが暴走しその原因を突き止めるのが容易ではないことがあるなど、プログラミングの初心者にとってはやや難しい側面があります。しかし、習得が比較的容易で安心安全なプログラムを開発しやすい Python と高い互換性があるプログラミング言語 MicroPython を使うと、より容易にマイコンのプログラムを作成することができます。

　MicroPython は Python のサブセットであるだけでなく、マイクロコンピューターや組み込み機器のハードウェアに近い制御も得意とするという点で、Python とは異なります。

　MicroPython のプログラムは、pyboard や Raspberry Pi（ラズベリーパイ）を含む多数のボード上で実行できるだけでなく、Linux（UNIX）や Windows などのプラットフォームでも、そしてウェブ上のエミュレーターでも実行することができます。

　本書は MicroPython を使ってプログラミングするために必要なことをやさしく詳しく説明します。本書を読み進めるために Python の知識は必要ありませんが、知っていればより理解が早まるでしょう。また、本書を読み進めるために必ずしも特定のハードウェアを準備する必要はありませんが、ボードと必要なパーツを揃えて実際にボード上でプログラムを実行してみるのも楽しいでしょう。本書では pyboard や、Raspberry Pi Pico、Pico W のようなマイコンで実行する方法にも触れます。

　本書を活用して MicroPython のプログラミングを楽しんでください。

2024 年初秋　著者しるす

はじめに

本書の表記

ABC	斜体文字は、そこに具体的な文字や数値が入ることを表します。たとえば「LED(*X*)」は、*X*に数値が入り、「LED(1)」や「LED(2)」などとなることを表します。
[X]	キーボードのキーを押すことを示します。たとえば、「[F5]」はF5キーを押すことを意味します。
[S]＋[X]	キーボードのSキーを押したままXキー押すことを示します。「[Ctrl]+[F5]」はCtrlキーを押したままF5キーを押すことを意味します。
>>>	REPL（MicroPythonのインタープリタ）のプロンプトです。
...	REPLで文が続くことを表します。環境によってはこれは表示されない場合があります。
>	Windows（OS）のコマンドプロンプトを表します。
$	LinuxなどUNIX系OSのプロンプトを表します。

本文を補足するような説明や、知っておくとよい話題です

ご注意

- 本書の内容は本書執筆時の状態で記述しています。将来、MicroPythonやその他のソフトウェア、ハードウェアのバージョンが変わるなど、何らかの理由で記述と実際とが異なる結果となる可能性があります。バージョンの違いによる本書記述との相違についてのお問い合わせにはお答えしかねます。
- 本書はMicroPythonのすべてのことについて完全に解説するものではありません。必要に応じてMicroPythonのドキュメントなどを参照してください。
- 本書のサンプルは、プログラミングを理解するために掲載するものです。実用的なアプリとして提供するものではありませんので、ユーザーのエラーへの対処やその他の面で省略してあるところがあります。

使用ソフトウェアのバージョン

MicroPython	1.19
thonny	4.1.4
MicroPython	v1.23.0 on 2024-06-02; Raspberry Pi Pico with RP2040
micropython（Linux）	v1.19 on 2022-0623; linux[gcc 9.4.0]

本書に関するお問い合わせについて

　本書に関するお問い合わせは、sales@cutt.co.jp にメールでご連絡ください。

　なお、お問い合わせは本書に記述されている範囲に限らせていただきます。特定の環境や特定の目的に対するお問い合わせ等にはお答えできませんので、あらかじめご了承ください。

　お問い合わせの際には下記事項を明記してくださいますようお願いいたします。

- 氏名
- 連絡先メールアドレス
- 書名
- 記載ページ
- お問い合わせ内容
- 実行環境

目次

はじめに..iii

第 1 章　はじめての MicroPython …… 1

　　1.1　MicroPython の概要..2
　　1.2　MicroPython のライブラリ 6
　　1.3　MicroPython の使い方..9
　　1.4　文字列の表示 13
　　1.5　スクリプトファイル 15
　　1.6　LED の制御..17
　　練習問題 22

第 2 章　MicroPython の基礎知識 …… 23

　　2.1　コメントと空行・空白 24
　　2.2　文字と名前..26
　　2.3　式と文..29
　　練習問題 31

第 3 章　値と変数 …… 33

　　3.1　値 34
　　3.2　変数..39
　　3.3　値の変換..42
　　練習問題 44

第 4 章　演算 …… 45

- 4.1　算術演算 46
- 4.2　そのほかの演算子 47
- 4.3　文字列の演算 53
- 練習問題 54

第 5 章　タプル・リスト・辞書 …… 55

- 5.1　タプル 56
- 5.2　リスト 58
- 5.3　混在リスト 64
- 5.4　ジェネレーター 66
- 5.5　辞書 68
- 練習問題 71

第 6 章　入出力 …… 73

- 6.1　文字列の入力 74
- 6.2　出力 77
- 練習問題 84

第 7 章　制御構文 …… 85

- 7.1　if 文 86
- 7.2　while 文 90
- 7.3　for 文 93
- 練習問題 96

第 8 章　関数 …… 97

- 8.1　関数 98
- 8.2　関数の定義 102
- 8.3　関数内関数 109
- 練習問題 112

第 9 章　クラス …… 113

9.1　クラスとオブジェクト … 114
9.2　クラス … 114
9.3　継承 … 118
9.4　モジュール … 122
練習問題 … 124

第 10 章　ファイル …… 125

10.1　ファイルへの書き込み … 126
10.2　ファイルからの読み込み … 130
練習問題 … 133

第 11 章　例外処理と並列処理 …… 135

11.1　例外 … 136
11.2　例外処理の例 … 138
11.3　並列処理 … 142

第 12 章　デバイスの制御 …… 145

12.1　LED の点滅 … 146
12.2　その他のデバイスの制御 … 153

付録 …… 161

付録 A　用語と略語 … 162
付録 B　実行環境 … 164
付録 C　トラブルシューティング … 170
付録 D　練習問題解答例 … 173
付録 E　参考リソース … 185

索引 … 187

はじめてのMicroPython

この章ではMicroPythonの概要と最もシンプルな使い方を説明します。

1.1 MicroPythonの概要

MicroPython（マイクロパイソン）は、マイクロコンピューターや組み込み機器で使うことを目的に作成されたPythonのサブセットです。

◆ MicroPythonの特徴

MicroPythonには、次のような特徴があります。

- MicroPythonは、広く普及している汎用プログラミング言語であるPythonのサブセットです。MicroPythonはPythonと高い互換性があり、MicroPythonのほとんどの部分はPythonと同じなので、Pythonの豊富な情報や多くのライブラリなどの多くを使うことができます（Pythonのものすべてを使えるわけではありません）。
- MicroPythonは効率的に実装されていて、リソースが十分でない環境でも快適に動作するように最適化されています。MicroPythonは、わずか256kのコードスペースと16kのRAMで動作するほどコンパクトです。
- MicroPythonはインタープリタ言語なので、言語の習得や実行が容易です。また、プロトタイプを容易に作成することができます。
- MicroPythonはマイクロコンピューターや組み込み機器のハードウェアに近い制御を容易に行うことができます。
- MicroPythonではプログラマーは原則としてメモリー管理を意識する必要がありません。一方、マイコンや組み込み機器の制御などに良く使われるアセンブリ言語（アセンブラ）やC言語、C++などでは、プログラマーがメモリーを管理しなければなりません。
- MicroPythonのプログラムを実行するために、OSを必要としません。マイコンにMicroPythonをサポートするファームウェアーをインストールするだけで、MicroPythonのプログラムを実行することができます。なお、WindowsやLinuxのようなOS上で実行することも可能です。

◆ MicroPythonの実行環境

MicroPythonは、コンパクトな電子回路基板からPCまで、さまざまな場所で実行することができます。MicroPythonのプログラムを実行できる固有プラットフォームとして公式ドキュメン

トには次のようなものが紹介されています。

- pyboard
- ESP8266
- ESP32
- Raspberry Pi RP2xxx
- NXP i.MXRT 10xx
- WiPy/CC3200
- UNIX
- Windows
- Zephyr
- Renesas RA
- SAMD21/SAMD51

MicroPythonのプログラムは、PCからマイコン（マイクロコントローラや組み込みシステム）にケーブルで接続して簡単に転送し、マイコンで実行できます。

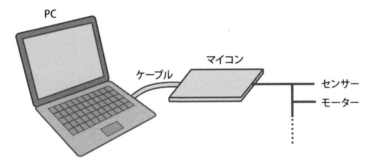

図1.1●開発環境とマイコンの接続

◆ Web エミュレーター ···◆

MicroPythonのプログラムを実行できる固有プラットフォームのリストの先頭には、micropython.orgが提供するpyboardがあります。pyboardを含むマルチプラットフォームのWebエミュレーターとしてmicropython.orgからunicornが次のサイトで提供されています。

```
https://micropython.org/unicorn/
```

このエミュレーターは、PyBoardと、ボードに搭載されているLED、およびそれに接続されたLEDやサーボモータなどもエミュレートすることができます。

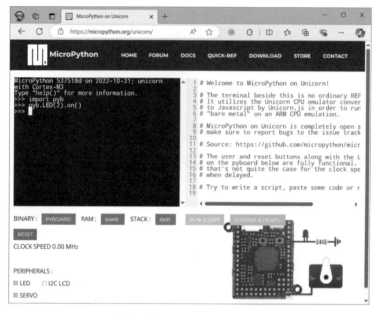

図1.2●Webエミュレーター

このエミュレーターを使ってMicroPythonの多くのプログラムを実行できます（すべてのプログラムを実行できるわけではありません）。

ページの左上のフィールドには、対話的にプログラムを実行する領域があります。ここに表示されているプロンプト「>>>」に対してMicroPythonのコードを入力すると、そのコードを実行することができます。

また、右上のフィールドにプログラムコードを入力して、[RUN SCRIPT]を実行することでスクリプト（一連のMicroPythonプログラムコード）を実行することができます（ここには最初は#で始まるコメントが入力されていますが、コメントなので削除してかまいません）。

ページの左下には、LEDやサーボモータ（SERVO）などを表示するかどうかを指示するチェックボックスが表示されています。

ページの右下にはpyboardの図が表示されており、チェックボックスをチェックした場合はLEDやサーボモータ（SERVO）などの状態が表示されます。

Web エミュレーターはデモ用途のものなので、すべての機能をサポートしているわけではありません。たとえば、入力、ファイル入出力、マルチスレッドなどのプログラムは意図したように実行できない場合があります。

◆ Raspberry Pi Pico と Pico W

　本書では、MicroPython のプログラムを実行するプラットフォームとして、Raspberry Pi（ラズベリー・パイ）Pico や WiFi 機能を備えた Raspberry Pi Pico W（以下 Pico/Pico W）を使う方法も説明します。

図1.3●Raspberry Pi Pico（上）と Pico W（下）

　実際の装置でプログラムが動くところを見てみたい場合には Pico/Pico W を入手して試してみるのも良いでしょう。

◆ Linux 上の micropython

　Linux に micropython をインストールすると、MicroPython のプログラムの一部を実行することができます。本書の多くはプログラミング言語としての MicroPython に焦点を当てているので、本書の多くのコードを Linux 上の micropython で実行することができます。

2.2節「文字と名前」の「文字」でも説明しますが、環境によっては日本語がサポートされていません。日本語を使うとエラーになる場合や、日本語の表示が意図通りにできない環境では、英数文字を使ってください。

1.2 MicroPython のライブラリ

MicroPython では、次の 2 種類のモジュールが提供されます。

- Python 標準ライブラリのサブセット組込みモジュール
- MicroPython 固有のモジュール (byp、machine、bluetooth など)

なお、特定のシステム上の MicroPython の特定のビルドでは、リソースやその他の制限のため、一部の機能（モジュール全体、クラスや機能）が使えない可能性があります。

特定の環境で利用可能なモジュールは、help('modules') で調べることができる場合があります。次の例は pyboard のエミュレーターで「help('modules')」を実行した例です。

```
>>> help('modules')
__main__         gc              pyb             ustruct
builtins         machine         uarray          usys
cmath            math            ucollections    utime
framebuf         micropython     uio
Plus any modules on the filesystem
>>>
```

この例の場合、たとえば thread や _thread はサポートされていないのでマルチスレッドで並列処理を行うことはできません。

◆ Python 標準ライブラリのサブセットモジュール

Python 標準ライブラリは、Python モジュールにある機能のサブセットを実装します。また、MicroPython 特有の拡張機能を提供しているものもあります（array、os）。

表1.1●Python 標準ライブラリに準拠するモジュール

モジュール	説明
array	数値データの配列
asyncio	非同期 I/O スケジューラ
binascii	バイナリ /ASCII 変換
builtins	組込みの関数と例外
cmath	複素数のための数学関数
collections	コレクションとコンテナのデータ型
errno	システムエラーコード
gc	ガベージコレクションの制御
gzip	gzip 圧縮器 & 展開器
hashlib	ハッシュ化アルゴリズム
heapq	ヒープキューアルゴリズム
io	入出力ストリーム
json	JSON のエンコードとデコード
math	数学関数
os	基本的な「オペレーティングシステム」サービス
platform	基盤プラットフォームの識別データへのアクセス
random	乱数の生成
re	簡素な正規表現
select	一連のストリームのイベント待機
socket	ソケットモジュール
ssl	SSL/TLS モジュール
struct	基本データ型のパックとアンパック
sys	システム固有関数
time	時間関連の関数
zlib	zlib 圧縮器 & 展開器
_thread	マルチスレッドサポート

第 1 章　はじめての MicroPython

◆ MicroPython 固有のライブラリ

MicroPython 処理系に固有の機能を提供するライブラリとして、例えば以下のような機能があります。

表1.2●MicroPython 固有のモジュール

モジュール	説明
bluetooth	低レベル Bluetooth
btree	単純な BTree データベース
cryptolib	暗号化アルゴリズム
deflate	DEFLATE 圧縮と展開
framebuf	フレームバッファの操作
machine	ハードウェア関連の関数
micropython	MicroPython 内部のアクセスと制御
neopixel	WS2812 / NeoPixel LED の制御
network	ネットワーク設定
openamp	標準非対称マルチプロセッシング (AMP) の提供
uctypes	構造化手法でのバイナリデータアクセス
vfs	仮想ファイルシステム制御

さらに、マイコン固有のライブラリを使うことができる場合があります。

たとえば、pyboard の場合、次のようなモジュールを使うことができます。

表1.3●pyboard固有のモジュール

モジュール	説明
pyb	pyboard 関連の関数
stm	STM32 MCU に固有の機能
lcd160cr	LCD160CR ディスプレイの制御

特定のボード（プラットフォーム）で使用できるライブラリについては、そのボードのドキュメントを参照してください。

1.3　MicroPython の使い方

ここでは MicroPython を使い始めるために必要なことを説明します。

最初に簡単なプログラムを動かしてみて、MicroPython のプログラムとは何かということを理解しましょう。MicroPython の実行環境については付録 B「実行環境」も参照してください。

◆ **REPL の起動** ・・◆

対話的に MicroPython のプログラムを実行するために、REPL（Read Evaluate Print Loop）のプロンプトを表示する必要あります。いずれかの環境で REPL のプロンプト「>>>」を表示してください。

unicorn を使う場合は、ウェブブラウザで、次のアドレスを開きます。

```
https://micropython.org/unicorn/
```

エミュレーターが表示されます。

ページの左上のフィールドにプロンプト「>>>」が表示されて、MicroPython のコードを入力して実行することができるようになります。

> unicorn 以外の環境で実行したいときには、付録 B「実行環境」を参照してください。

MicroPython が起動すると、MicroPython のメッセージと REPL のプロンプト「>>>」が表示されます。これが MicroPython のインタープリタのプロンプトです。

```
MicroPython 537518d on 2022-10-31; unicorn with Cortex-M3
Type "help()" for more information.
>>>
```

これは unicorn で MicroPython 537518d の場合の例です。バージョン番号やそのあとの情報は、この例と違っていても構いません。

Raspberry Pi Pico または Raspberry Pi Pico W と、Thonny を使っている場合は、付録B「実行環境」に従って Thonny を起動すると Thonny の左下のシェルペインにたとえば次のように表示されます（バージョン番号や日付情報などは、この例と違っていても構いません）。

```
MicroPython v1.23.0 on 2024-06-02; Raspberry Pi Pico with RP2040
Type "help()" for more information.
>>>
```

また、たとえば、Linux で micropython を起動したなら、次のように表示されるでしょう（バージョン番号や日付情報などは、この例と違っていても構いません）。

```
$ micropython
MicroPython v1.19 on 2022-06-23; linux [GCC 9.4.0] version
Use Ctrl-D to exit, Ctrl-E for paste mode
>>>
```

いずれにしても、MicroPython の REPL のプロンプト「>>>」が表示されれば、MicroPython のインタープリタが起動したことがわかります。

REPL

プロンプト「>>>」が表示されている環境を **REPL** といい、MicroPython の命令や式などを読み込んで、その結果が必要に応じて出力されます。このようなコードを読み込んでは実行するシステムをインタープリタといいます。プロンプト「>>>」が表示されている環境をインタラクティブシェル（対話型シェル）ともいいます。

インタープリタは「解釈して実行するもの」という意味、インタラクティブシェルは「対話型でユーザーからの操作を受け付けて結果や情報を表示するもの」という意味があります。

OS 上で MicroPython を使っているときには、OS（コマンドウィンドウ、ターミナルウィンドウなど）のプロンプトである「>」や「#」、「$」などと、MicroPython のインタープリタを起動すると表示される REPL のプロンプト「>>>」を使います。この2種類のプロンプトは役割が異なるので区別してください。

◆単純な演算………………………………………………………………………………◆

最初に MicroPython で計算をしてみましょう。

MicroPython のプロンプト「>>>」に対して、2+3［Enter］と入力してみます。

```
>>> 2+3
5
>>>
```

上に示したように、2＋3の結果である5が表示されたあとで、新しいプロンプト（>>>）が表示されるはずです。

ウェブ上のエミュレーターで実行するなら、次の図のように左上の領域にコード「2+3」を入力してから［Enter］キーを押します。

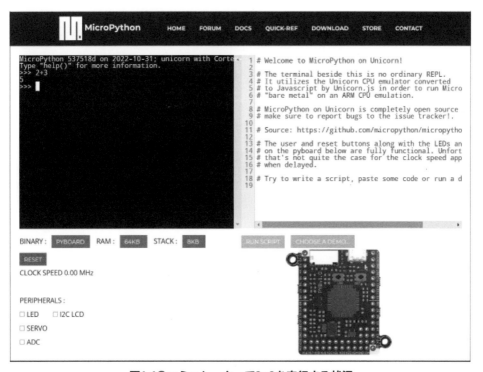

図1.4●エミュレーターで2+3を実行する状況

Pico/Pico W を接続した Thonny で実行するなら、Thonny を起動してから、「シェル」タブの中に実行するコードを入力します。

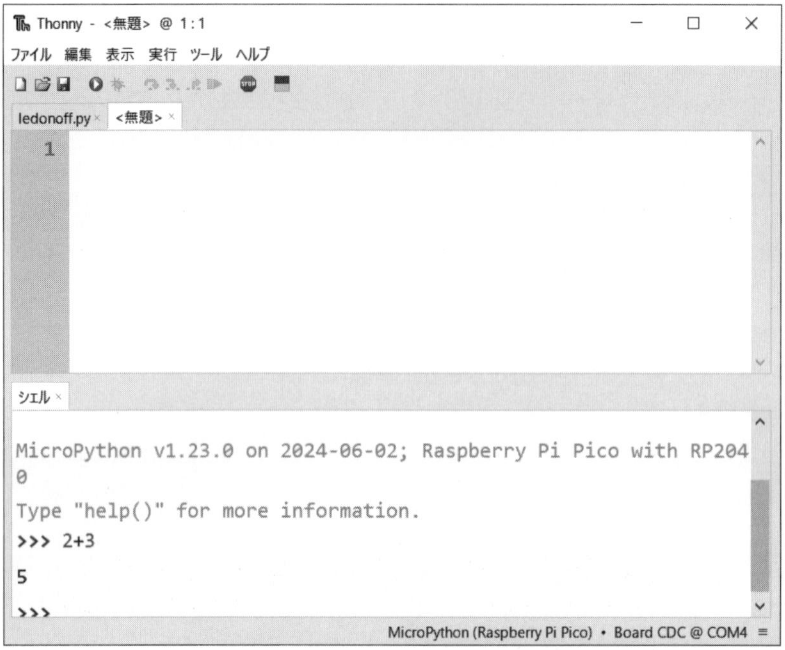

第 1 章　はじめての MicroPython

図1.5●Thonnyで2+3を実行する状況

　Linux などで micropython プログラムで MicroPython のコードを実行したいときには、micropython を起動して REPL のプロンプト「>>>」が表示されたらコードを入力して実行します。

```
$ micropython
micropython v1.19 on 2022-0623; linux[gcc 9.4.0] version
Use Ctrl-D to exit, Ctrl-E for paste mode
>>> 2+3
5
>>>
```

micropython プログラムを終了するときには、[Ctrl] + [D] を押します。

◆やや複雑な式・・◆

　もっと複雑な式も、もちろん計算できます。次の例は、123.45 × (2+7.5) − 12.5/3 の計算例です。

```
>>> 123.45*(2+7.5)-12.5/3
1168.608
```

　MicroPython ではこの結果は 1168.608 になるでしょう。
　一方、Python 3 では、次のようになるはずです。

```
>>> 123.45*(2+7.5)-12.5/3
1168.6083333333333
```

1.4　文字列の表示

　C言語の最初の解説書である「プログラミング言語C」以来、プログラミングの最初のステップは伝統的に「Hello world!」と表示するコードを示すことになっています。ここでは MicroPython で文字列を表示する方法を説明します。

◆ Hello, MicroPython! ・・◆

　ここで「Hello, MicroPython!」と出力する次のようなプログラムを実行してみましょう。プログラムの意味はあとで考えることにします。

```
>>> print ('Hello, MicroPython!')
Hello, MicroPython!
>>>
```

　入力したプログラムコードは「print ('Hello, MicroPython!')」です。次の行の「Hello, MicroPython!」は、プログラムコードを実行した結果です。

「print ('Hello, MicroPython!')」の「print」は、そのあとのかっこ（）の中の内容を出力する命令です。

出力する内容は「Hello, MicroPython!」なのですが、これを文字列であるとMicroPythonのインタープリタに知らせるために、'（シングルクォーテーション）で囲みます。'の代わりに文字列を"（ダブルクォーテーション）で囲っても構いません。

```
>>> print ("Hello, MicroPython!")
Hello, MicroPython!
>>>
```

◆変数

次のように、最初にmsgという名前の変数（値を保存する物）に文字列を入れておいて、そのあとでprint()を呼び出すこともできます（変数については後の章で詳しく取り上げます）。

```
msg = 'Hello, MicroPython!'
print (msg)
```

REPLのプロンプト「>>>」に対して入力するときの状態は次のようになります。

```
>>> msg = 'Hello, MicroPython!'
>>> print (msg)
Hello, MicroPython!
>>>
```

文字列や変数と同じように、print()を使って計算式を出力することもできます。

```
>>> print (2*3+4*5)
26
>>>
```

今度は文字列ではなく式を計算した結果である数値を出力したいので、かっこ（）の中の式を

' や " で囲っていないことと、出力された 26 が、' や " で囲われていないことに注意してください。

1.5 スクリプトファイル

一連のプログラムコードをファイルに保存することもできます。

◆**スクリプトファイルの作成**……………………………………………………………◆

一連のコードをまとめて保存したり、ボード（マイコンや組み込み機器）に送って保存することもできます。

ここでは、次のような 2 行だけのプログラムのファイル（スクリプトファイル）を作成して保存してみましょう。

リスト1.1●hello.py

```
# hello.py
msg = 'Hello, MicroPython!'
print (msg)
```

スクリプトファイルを作成する最も基本的な方法は、テキストエディタ（Windows のメモ帳や Linux の gedit など、好きなエディタ）で、コードをテキストとして入力して、ファイル名（この場合は hello.py）を付けて保存する方法です。

Windows のようなデフォルトではファイル拡張子が表示されないシステムの場合、ファイルの拡張子が表示されるように設定してください。また、自動的に txt のような拡張子が付けられるエディタでは、hello.txt や hello.py.txt というファイル名にならないように注意する必要があります。

上のスクリプト hello.py の最初の行「# hello.py」は、このスクリプトのファイル名で、コメントとして記述しています。

あとのコードはすでに説明したものと同じです。

◆スクリプトの実行

　ここでは、3種類の方法でスクリプト（MicroPythonのプログラム）を作成または入力して実行してみます。

　ウェブ上のエミュレーターで実行するなら、次の図のように右上の領域にプログラムコードを入力してから、[RUN SCRIPT]をクリックして実行します（既に作成したスクリプトファイルのコードをコピー＆ペーストしてもかまいません）。

図1.6●エミュレーターでスクリプトを入力して実行する状況

　Pico/Pico Wを接続したThonnyで実行するなら、Thonnyを起動してから、上部のペインの中に実行するコードを入力してから、スクリプトの実行ボタンをクリックします（[F5]キーを押しても構いません）。

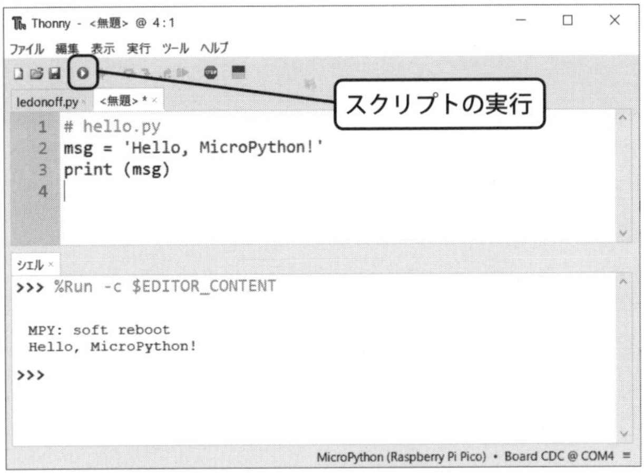

図1.7●Thonnyでスクリプトを実行する状況

　Linuxなどでmicropythonプログラムでスクリプトを実行したいときには、micropythonの引数に実行するスクリプトのファイル名を指定して起動します。

　プログラムが実行されて、次のように結果の文字列「Hello, MicroPython!」が表示されるはずです。

```
$ micropython hello.py
Hello, MicroPython!
```

1.6 LEDの制御

　ここでは、ハードウェアの制御のひとつの例として、pyboardやPico/Pico Wに搭載されているLEDを点灯してみます。LEDを点灯するようなハードウェアに依存するプログラムの詳細はハードウェアによって異なります（デバイスの制御については第12章で詳しく説明します）。

◆**エミュレーターでの実行**…………………………………………………………………◆

　ここでは、pyboardのエミュレーターにあるLEDを点灯してみましょう。

　pyboardのエミュレーターにあるLEDを扱うためには、pybという名前のモジュールと呼ぶも

のを最初にインポートする（取り込む）必要があります。インポートについてはあとの章で説明するので、ここではある機能を使うために必要なおまじない程度にとらえておいて、REPL で次のコードを実行しましょう。

```
import pyb
```

問題なければ何も表示されません。もし何かエラーが表示された場合は、タイプミスがないかどうか確認してください。

次に、1番目の LED を点灯するコードを実行します。

```
pyb.LED(1).on()
```

REPL で実行すると、次のようになります。

```
MicroPython 537518d on 2022-10-31; unicorn with Cortex-M3
Type "help()" for more information.
>>> import pyb
>>> pyb.LED(1).on()
>>>
```

これで、エミュレーターの右下の pyboard の図の中の赤い LED が点灯します。

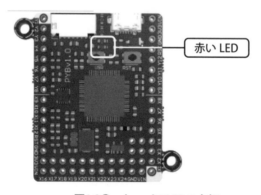

図1.8●pyboardのLEDの点灯

単に LED が点灯するだけではつまらないという場合は、次のスクリプトをエミュレーターの

右上のコードペインに入力してから、「RUN SCRIPT」をクリックしてください（コードについては第 12 章で説明します）。

リスト1.2●pybledonoff.py

```
# pybledonoff.py
import pyb
import time

for i in range(10):
  pyb.LED(1).on()
  time.sleep(1)
  pyb.LED(1).off()
  time.sleep(1)
```

LED が約 1 秒間隔で 10 回点滅します。

上のスクリプトは i が 0 から 9 まで変わりながら「点灯して 1 秒待ち消灯して 1 秒待つ」ということを 10 回繰り返すコードですが、スリープ（sleep）や繰り返しなどについては後の章で詳しく説明します。

◆ Pico/Pico W での実行

ここでは、Raspberry Pi Pico や WiFi 機能を備えた Raspberry Pi Pico W（Pico/Pico W）で LED を点滅させてみます。

ここでは、Pico/Pico W にある LED を点灯してみましょう。

Pico/Pico W にある LED を扱うためには、Pin という名前のモジュールと呼ぶものを最初にインポートする必要があります。インポートについてはあとの章で説明するので、ここではある機能を使うために必要なおまじない程度にとらえておいて、Thonny で次のコードを実行しましょう。

```
from machine import Pin
```

問題なければ何も表示されません。もし何かエラーが表示された場合は、タイプミスがないかどうか確認してください。

次に、Pico/Pico W の LED を点灯するために次の 2 行のコードを実行します。

```
led = Pin("LED", Pin.OUT)
led.on()
```

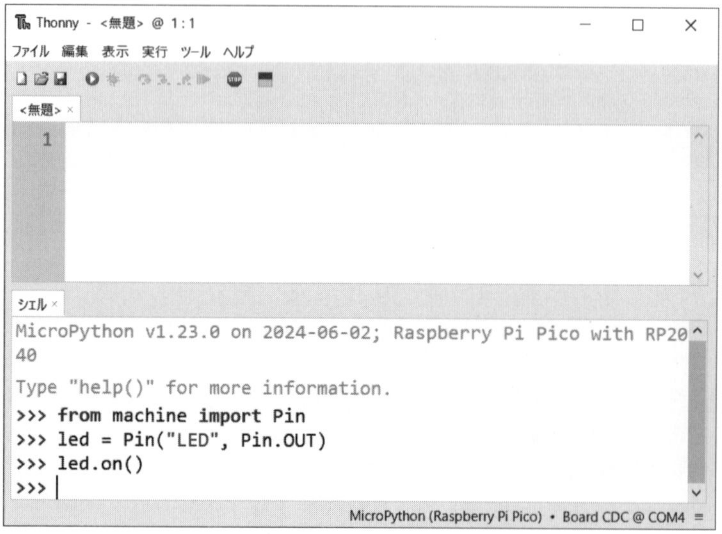

図1.9●ThonnyからPico/Pico WのLEDを点灯させるためのコードの実行状況

これで Pico/Pico W の LED が点灯します。

消灯するには次のコードを実行します。

```
led.off()
```

単に LED が点灯するだけではつまらないという場合は、次のスクリプトを Thonny の上部のコードペインに入力してから、スクリプトの実行ボタンをクリックしてください。

1.6 LEDの制御

リスト1.3●ledonoff.py

```python
# ledonoff.py
from machine import Pin
import time

led = Pin("LED", Pin.OUT)

for i in range(10):
    led.on()
    time.sleep(1)
    led.off()
    time.sleep(1)
```

iが0から9まで変わりながらLEDの点灯と消灯が10回繰り返されます。

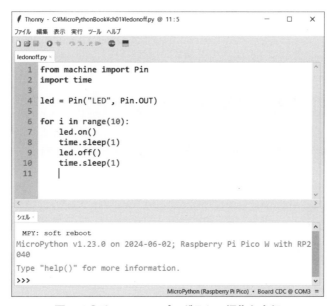

図1.10●Thonnyでのプログラムの編集と実行

［ファイル］→［保存］で、main.pyという名前でPico/Pico Wに保存する（書き込む）と、PCと接続しなくても、Pico/Pico Wの電源が入るたびに（例えばUSBケーブルで電源と接続す

るたびに）スクリプトが実行されて LED が 10 回点滅するようになります。

練習問題

練習問題 1.1

MicroPython で式「(2.3 × 3.1 + 6.6) ÷ 1.5」の結果を出力してください

練習問題 1.2

MicroPython で、「I am saltydog.」と出力してください

練習問題 1.3

エミュレーターまたは Pico/Pico W で LED を点灯してから消灯してみましょう。

MicroPython の基礎知識

この章では MicroPython のプログラムを書く上で知っておきたい基本的なことを説明します。

第 2 章　MicroPython の基礎知識

2.1　コメントと空行・空白

　プログラムの中には、コメントと空行を入れることができます。MicroPython では、空白は特別な意味を持つことがあります。

◆**コメント**··

　コメントはソースプログラムの中に記述できる注釈です。コメントはプログラムの実行に影響を与えません。
　MicroPython で使うことができるコメントは、# で始まるコメントです。# から行末まではコメントと見なされます。

```
# これはコメント
```

　コメントはコード行の途中から始めても構いません。

```
a = 123      # 変数Aに123を代入する
```

　実行環境によってはコメントに日本語など英数文字以外の文字を使うとエラーになる場合があります。そのような場合には、コメントには英数文字を使ってください。

◆**空行**··

　プログラムを読みやすくするために、必要に応じて空行をいれることができます。
　第 1 章のプログラム ledonoff.py には空行をいれてありますが、これはプログラムを見やすくするための空行です。

リスト2.1●ledonoff.py

```
# ledonoff.py
from machine import Pin
import time
                          # 空行
```

```
led = Pin("LED", Pin.OUT)
                         # 空行
for i in range(10):
    led.on()
    time.sleep(1)
    led.off()
    time.sleep(1)
```

◆**空白**⋯⋯⋯⋯⋯⋯⋯⋯⋯⋯⋯⋯⋯⋯⋯⋯⋯⋯⋯⋯⋯⋯⋯⋯⋯⋯⋯⋯⋯⋯⋯⋯⋯⋯⋯⋯◆

　空白とみなされる、スペース、タブ、改行、復帰などの総称をホワイトスペースと呼びます（改行、復帰はホワイトスペースに含まない場合もあります）。ここではホワイトスペースを「空白」と表記します。

　MicroPython では、ブロックを表すインデントと、以下のような場合を除いて、原則的に空白をいくつでも自由に挿入したり削除できます。

- キーワードや変数などの名前の中には空白は挿入できない。
　たとえば、「MyName」という名前を変数や関数などの名前として使うことができますが、空白を含む「My Name」のような名前は定義できません。
- トークンの前後にある必要不可欠な空白は削除できない。
　トークン（言語要素）の区切りとして必要な空白は削除できません。たとえば、if や return などのキーワードの前後には少なくとも 1 つ以上の空白が必要です（if などが行頭になる場合は行頭には空白は入れません）。
- 2 文字で意味をなす演算子は、文字間に空白を入れることができない。
　たとえば、等価であるかどうか示す演算子 == は 2 文字で 1 つの意味をなす演算子なので、= = のように 2 つの文字の間に空白を入れることはできません。同様に空白を間に入れることができない 2 文字以上の演算子には、たとえば、代入演算子 :=、不等価演算子 != などがあります。
- 文字列リテラルの中の空白は、挿入した数だけそのまま評価される。
　文字列リテラル（プログラムの中に埋め込まれた文字列）の中に空白を文字と文字の間に 5 個入れれば、それを出力したときには空白 5 個分だけスペースがあきます。一方、ソースコードのインデント（次で説明）に使う空白は、2 個から 4 個に変更しても、ソースコードの外

観が変わるだけで、プログラムの動作や効果には影響を与えません。

◆**インデント**……………………………………………………………………………◆

　一般に、ソースコードを読みやすくするために、行の先頭をほかの行より右側に表示する目的で、行の始めに空白を入れることが行われます。これを**インデント**（字下げ）といいます。

　MicroPythonの場合は、単に視覚的な意味を持つだけでなく、インデントはブロックを表現します。

　たとえば第7章で説明するif文では、条件に応じて実行する文を次のようにインデントします。

```
if x>=0 :
    print('x is zero or more.')
```

　この場合、インデントは前の行のif文のコロン（:）に続く文（xがゼロ以上の場合に実行される文）の範囲を示しています。

　次のようにすると、xがゼロ以上の場合に「print('x is zero or more.')」と「x = x * 100」が実行されます。

```
if x>=0 :
    print('x is zero or more.')
    x = x * 100
print('x=', x)
```

　最後の行「print('x=', x)」は、インデントされていないので、xがゼロ以上であるかどうかに関わらずに実行されます。

2.2　文字と名前

　ここではMicroPythonの文字や変数などの名前の付け方などについて説明します。

◆ 文字

MicroPython のプログラミングでは、文字は ASCII 文字を使ってください。

MicroPython は、言語の構文に関しては Python 3.4 以降の実装を目指しています。そのため、仕様上は日本語の文字を含む Unicode 文字が使えることになっています。しかし、実際には ASCII 文字以外の文字がサポートされていない場合があります。

日本語を含む ASCII 文字以外の Unicode 文字の使用については、次のような点に注意してください。

- REPL がサポートしていない場合、変数などの名前はもちろん、コメントにも日本語を使うことができません。
- ライブラリ（モジュール）が Unicode 文字をサポートしていない場合、実行時にエラーになるか、予期しない挙動になります。
- 表示デバイスが Unicode 文字をサポートしていない場合、予期しない文字列が表示されることがあります。

◆ 名前

変数や関数などの名前には、原則として英数文字を使います。

比較的新しい Python3 の仕様上は名前に Unicode 文字を使うことができますが、MicroPython の場合に変数などの名前に実際に使える文字は英数文字と _ （アンダースコア）です。

ただし、名前の先頭に数字を使うことはできません。次の例で、変数 value は有効ですが、2n という名前は変数として使うことはできません。

```
value = 0.123

2n = 0           # エラーになる
```

名前の先頭にはアンダースコアを使うことができます。

```
_top = 123
```

もうひとつ注意を払いたいことは、MicroPython（Python）では原則として名前やキーワード

の大文字／小文字を区別するという点です。従って、次の名前はすべて違うものとみなされます。

```
Abc
ABC
abc
```

例を次に示します。

```
>>> Abc = 123
>>> ABC = 'ABC'
>>> abc = 3.14
>>> print( Abc )
123
>>> print( ABC )
ABC
>>> print( abc )
3.14
```

◆**キーワード**……………………………………………………………………………◆

キーワード（予約語）はMicroPythonによって予約されていて、プログラマが名前に使うことはできません。

MicroPythonのキーワードはPythonに準拠します。Pythonのキーワードはバージョンによって異なりますが、主なものは次の通りです。

and	as	assert	async	await	break	class
continue	def	del	elif	else	except	False
finally	for	from	global	if	import	in
is	lambda	None	nonlocal	not	or	pass
raise	return	True	try	while	with	yield

これらの名前はMicroPythonでも名前として使うことはできません。

なお、Pythonでは、keyword.kwlistでキーワードのリストを、keyword.iskeyword(s)でsが

キーワードがどうかを調べることができます。

```
>>> import keyword
>>> keyword.kwlist
['False', 'None', 'True', 'and', 'as', 'assert', 'async', 'await',
 'break', 'class', 'continue', 'def', 'del', 'elif', 'else',
 'except', 'finally', 'for', 'from', 'global', 'if', 'import',
 'in', 'is', 'lambda', 'nonlocal', 'not', 'or', 'pass', 'raise',
 'return', 'try', 'while', 'with', 'yield']
>>> keyword.iskeyword( 'main' )
False
```

2.3 式と文

MicroPythonのプログラムでは、式が評価され、文が実行されます。

◆式･･･◆

第1章の最初でみたように、初歩の数学（算数）で使われるような平易な式は、MicroPythonではほぼそのまま使うことができます。

式を計算したり比較を行うために式の値を決定することを、プログラミングの用語では「式を評価する」といいます。

たとえば、最も簡単な次の式を見てください。

```
1+2
```

これはMicroPythonでも使える式です。

```
>>> 1+2
3
>>>
```

これで式「1+2」が 3 であると計算されたことがわかりました。これは式「1+2」が 3 として評価されたことを表します。

関数の呼び出しを含む式や、関数呼び出しそのものも式とみなします。

たとえば、「1+2=3」と出力する式「print ('1+2=', 1+2)」は None を返します。

```
>>> print ('1+2=', 1+2)
1+2= 3
>>> print(print ('1+2=', 1+2))
1+2= 3
None
>>>
```

◆ 文 ·· ◆

実行されるコードは文です。最も単純な文は代入文です。次の例は変数 x に数値 123 を代入する文です。

```
x = 123
```

あとの章で説明する if 文などの制御構文も文です。

```
if x>=0 :
    print('x is zero or more.')
```

複数の文をセミコロン（;）でつなげて 1 行で記述することもできます。

```
x = 0; y = 1; z = 99
```

これは次のようにするのと同じです。

```
x = 0
y = 1
z = 99
```

練習問題

練習問題 2.1
半径を表す radius という名前の変数を作成して、値 5.0 を保存してください。

練習問題 2.2
式「123.5 × 10.0」を MicroPython の式として表現してください。

練習問題 2.3
名前を表す name という名前の変数を作成して、あなたの名前を保存してください。

3

値と変数

プログラムの中では、変数と呼ぶものに数値や文字列を保存しておくことができます。
ここでは、プログラムにおける数値や文字列のような値と、プログラムで使うさまざまなものを保存できる変数について学びます。

第 3 章　値と変数

3.1　値

MicroPython の変数には、原則として、任意の型の値を保存できます。

◆**リテラル**・・◆

プログラムの中に直接埋め込まれる値を**リテラル**といいます。

たとえば、整数は次のようなリテラルで表現することができます。

```
123
0x10    # 16進数
10_000  # 10000
```

文字列リテラルはシングルクオーテーションまたはダブルクオーテーションで囲みます。

```
msg = 'Hello, microPython'
msg = "Hello, microPython"
```

それぞれの値ごとのリテラルについては、以下のそれぞれの値の型の説明で補足します。

◆**数値**・・・◆

数値として、整数と実数、複素数を扱うことができます。

整数は他の多くのプログラミング言語と違って、メモリが許す範囲で無限の精度を持つことができます。

```
x = 123
y = 1234567890123456789
```

実数は浮動小数点数として扱われます。

```
v = 123.456
```

5.0 のような小数点以下がゼロの数を実数として扱いたいときには、「5.0」のように小数点以下 1 桁に 0 を指定するか、あるいは「5.」のように小数点を付けます。

```
>>> v1=5
>>> print(v1)
5                    # 整数として扱われる
>>> v2=5.0
>>> print(v2)
5.0                  # 実数として扱われる
>>> v3=5.
>>> print(v3)        # 実数として扱われる
5.0
```

実数は、次の例のような指数形式で表現することがよくあります。

```
1.23e2     # 1.23 * 10^2  = 123.0
2.456E-2   # 2.456 * 10^-2 = 0.02456
```

整数と実数の演算の結果は実数になります。

```
>>> 12 + 3.5 * 2.0
19.0
```

演算の結果として総数点以下の数がゼロになっても実数は実数として扱われます。

```
>>> x = 2.3 + 3.7
>>> print(x)
6.0
>>> 2.3 + 3.7
6.0
```

複素数は実部と虚部で表され、虚数部に「j」を付けて表します

```
>>> x = 2 + 3j
>>> x
(2+3j)
>
```

上の例でわかるように、複素数の値は（ ）に囲まれて出力されます。そのため、（ ）で表記することも良く行われます。

```
>>> j = (1.2 + 2.3j)
>>> print(j)
(1.2+2.3j)
```

他のプログラミング言語では厳しく区別されることがある変数の型（整数か小数点以下がある実数かなどの区別）はこの段階では意識しなくてかまいません。

◆**文字列**

プログラムの中に直接埋め込まれる値をリテラルといいます。
文字列リテラルはシングルクオーテーションまたはダブルクオーテーションで囲みます。

```
msg = 'Hello, microPython'
name = "Yamano Ponta"
```

文字列の中に文字列を記述したいときには、' と ' の中で " と " とで囲むか、あるいは、" と " の中で ' と ' で囲みます。

```
msg1 = 'Hello, "dogs" python'
msg2 = "Hello, 'dogs' python"
```

数値を文字列として扱うこともあります。

```
value = '123.45'
```

　数値を文字列として扱った場合、値をそのまま表示（出力）してみると、'と'で囲まれていてそれが文字列であることがわかります。ただしprint()を使って出力すると、'と'で囲まれていません。

```
>>> value = '123.45'
>>> value
'123.45'
>>> print(value)
123.45
```

　とはいえ、数値とみなして演算しようとすると、次のようにエラーになります。つまり、この場合のvalueの内容はあくまでも文字列表現の数値であることに変わりありません。

```
>>> print(value + 1.2)
Traceback (most recent call last):
  File "<stdin>", line 1, in <module>
TypeError: can't convert 'float' object to str implicitly
```

　この文字列表現の数値を計算に使う場合には、あとで説明する変換を行う必要があります。

◆ブール値・・◆
　真偽値（ブール型、Boolean）を使うこともできます。真偽値とは、真（True、論理的に正しい）と偽（False、論理的に間違っている）で表される値で、後の章で説明する制御構文でよく使われます。
　次の例を見てください。

```
>>> 2 > 4
False
>>> 2 < 4
True
>>>
```

「2 > 4」（2 は 4 より大きい）は論理的に間違っているので偽（False）です。一方「2 < 4」（2 は 4 より小さい）は論理的に正しいので真（True）です。

真偽値も変数に保存することができます。次の例は変数 b に真（True）を代入した例です。

```
>>> b = True
>>> b
True
```

True や False はそれぞれひとつの値です。「b = 'True'」としてしまうと「True」が文字列として保存されてしまうので注意してください。

◆ None

None は何もないことを示します。たとえば、値を出力する関数 print() は何も値を返さないので、戻り値は None になります。

```
>>> x = print('Hello')
Hello
>>> print(x)
None
```

3.2 変数

プログラムの実行中に、プログラムの中に名前を付けて値を保存しておくことができます。値を保存しておくものを**変数**といいます。

◆**変数の使い方**・・◆

変数は、名前を付けて値を保存しておくことができるものです。
次の例は、2 × 3 の結果を、x という名前の変数に保存する例です。

```
>>> x = 2 * 3
```

 MicroPython では、変数をあらかじめ宣言しておく必要はありません。

次のようにすると、変数 x に値を保存して、変数 x の値を出力することができます。

```
>>> x = 2 * 3
>>> print( x )         # 単にxでもかまいません。
6
```

「x = 2 * 3」のように値を保存するときの =（イコール）は、「同じである」（等価である）ことを示すのではなく、右辺を計算した結果を左辺の変数に**代入**することを示します。そのため、x があらかじめ使われていれば、次のような式を書くこともできます。

```
>>> x = x + 1
>>> print( x )
7
```

第3章　値と変数

「x = x + 1」は数学の代数では成り立ちません。なぜなら、右辺と左辺の値が同じでないからです。しかし、MicroPython のプログラミングでは、=（イコール）は代入を表すので、式「x=x+1」が成り立ちます。

```
x = 6
print( x )
x += 1
print( x )
7
```

変数には、数値だけでなく、文字列やオブジェクトを保存することもできます。

```
name = 'Pochi'

a = range(1, 10)
```

range() は連続した値を含むオブジェクトを返す関数です（後の章でより詳しく説明します）。

◆**変数の初期化**◆

変数は、宣言するのと同時に初期化する（最初の値を設定する）ことができます。

```
>>> x = 0
>>> print (x)
0
```

1つの式で複数の変数に値を代入することもできます。

```
>>> x = y = z = 0
>>> print (x)
0
```

40

```
>>> print (z)
0
```

ただし、複数の代入の途中に式を入れるとシンタックスエラー（SyntaxError）になります。

```
>>> x = y + 1 = 3
  File "<stdin>", line 1
SyntaxError: can't assign to operator
```

◆複数の変数への代入 ··◆

MicroPythonでは、複数の値を複数の変数に代入することができます。
たとえば、次のような代入文があるとします。

```
x, y = 2, 3
```

これは、xに2を、yに3を代入します。REPLで実行するなら、次のようになります。

```
>>> x, y = 2, 3
>>> print(x)
2
>>> print(y)
3
>>>
```

あとの章で扱う関数が複数の値を返すようなときにこの複数の変数への代入が良く使われます。

```
a, b = myfunc()
```

◆ MicroPython の変数の特性

他のプログラミング言語では、一般的に、値の**型**（タイプ）を重視します。たとえば、整数と実数は別の型（タイプ）であるものと考えて区別します。また、特定の変数には特定の型（タイプ）の値しか保存できないようにするのが一般的です。たとえば、数値を保存するための変数には文字列は保存できませんし、文字列を保存するための変数に途中から数値を保存することはできません。

しかし、MicroPython では、整数と実数を原則として区別せず、また、MicroPython の変数には、矛盾が生じない限り、あとで別の種類の値を入れることができます。

たとえば、次の例は最初に x に数値を保存し、そのあとで文字列を同じ変数 x に保存する例です。

```
>>> x = 2 * 3
>>> print( x )
6
>>> x = 'Hello'
>>> print( x )
Hello
```

変数には値や文字列だけでなくオブジェクトも保存することができます。たとえば、1つの変数にリストという一連の値を保存することもできます。その例は後の章で学びます。

3.3 値の変換

MicroPython では、変数に、数値でも文字列でも区別なく保存することができるので、型の変換を行う必要があることがあります。

◆文字列から数値への変換

変数に保存されている数値が文字列表現である場合、数値として計算することはできません。

たとえば、次のように変数 a に数値を文字列として保存しておいて、それを使って計算しようとするとエラーになります。

```
>>> a = '12.3'
>>> x = a * 3.0
Traceback (most recent call last):
  File "<stdin>", line 1, in <module>
TypeError: unsupported types for __mul__: 'str', 'float'
```

このような場合には、float() という関数と呼ぶものを使って文字列表現の数値を実数に変換してから計算します。

```
a = '12.3'
x = float(a) * 3.0
```

文字列表現の数値が整数である場合は、int() を使うことができます。

```
a = '123'
x = int(a) * 3
```

float() や int() の引数（かっこの中に指定する値）が数値に変換できない文字列である場合はエラーになります。これを処理する方法は第 11 章「例外処理」で説明します。

◆**数値から文字列への変換**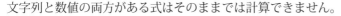◆

文字列と数値の両方がある式はそのままでは計算できません。
　たとえば、文字列 " 円周率 =" に数値 3.14 をつなげて出力しようとすると、次のようにエラーになります。

43

```
>>> a = "h=" + 3.14
Traceback (most recent call last):
  File "<stdin>", line 1, in <module>
TypeError: can't convert 'float' object to str implicitly
```

　これを避けるためには、次のように str() という名前の関数を使って数値を文字列に変換してから文字列としてつなげます。

```
>>> a = "円周率=" + str(3.14)
>>> a
'円周率=3.14'
```

　str() は引数の値（かっこの中の値）を文字列型に変換する関数です。関数については第 8 章で説明します。

練習問題

練習問題 3.1
　0.128 と 345.67 を指数表記で表してください。

練習問題 3.2
　実部が 12、虚部が −2 の複素数リテラルを記述してください。

練習問題 3.3
　整数 123 の変数を定義して、その値を乗算（*）を使わずに 100 倍の整数にしてください。

4

演算

プログラムの中に式を書いて計算をさせることができます。この章では、プログラムにおける式について学びます。

第4章 演算

4.1 算術演算

　+記号は、数学の演算においては、数学と同じ意味の加算の演算子と、値が正であることを示す記号として使われます。
　このほかの演算子も含めて MicroPython の基本的な算術演算子を見てみましょう。

◆**基本的な演算子**･･･

　算数には加減乗除の4種類の計算がありますが、MicroPython にはそれに対応して4種類の演算子があります。

表4.1●基本的な算術演算子

演算子	機能	例
+	加算	1 + 2（結果は 3）
-	減算	5 - 2（結果は 3）
*	乗算	2 * 3（結果は 6）
/	除算	12 / 4（結果は 3）

Note　掛け算のシンボル（記号）は×ではなく *（アスタリスク）なので注意してください。

　次にこれらの演算子を使ったプログラムの例を示します。

```
>>> print('1+2=', 1+2)
1+2= 3
>>> print('5-2=', 5-2)
5-2= 3
>>> print('2*3=', 2*3)
2*3= 6
>>> print('12/4=', 12/4)
12/4= 3.0
```

```
>>> print('12/5=', 12/5)
12/5= 2.4
>>>
```

◆その他の算術演算子

除算（割り算）の余りやべき乗のようなより高度な算術演算を行いたいときには、次のような特別な記号を使います。

表4.2●その他の算術演算子

演算子	機能	例
%	除算の余り	7 % 3 （結果は 1）
**	累乗	3 ** 2 （結果は 9）

次にいくつかの例を示します。

```
>>> print('7 % 3=', 7 % 3)
7 % 3= 1
>>> print('9 % 3=', 9 % 3)
9 % 3= 0
>>> print('3**2=', 3**2)
3**2= 9
>>> print('3.14**2=', 3.14**2)
3.14**2= 9.859601
```

4.2　そのほかの演算子

算術演算子のほかに、代入演算子や、not、and、orという論理演算子やその他の演算子があります。以下では、この段階で知っておくと良い主な演算子を紹介します。

◆代入演算子

代入演算子は、演算子の右辺の値を左辺の変数に代入するための演算子です。演算と同時に代入できる複合代入演算子もあります。

表4.3●代入演算子

演算子	機能	例
=	代入	a = b（bの値をaに代入する）
+=	加算代入	a += b（aの値にbの値を加算してaに代入する）
-=	減算代入	a -= b（aの値からbの値を減算してaに代入する）
*=	乗算代入	a *= b（aの値にbの値を乗算してaに代入する）
/=	除算代入	a /= b（aの値をbの値で割った結果をaに代入する）
%=	余りの代入	a %= b（aの値をbの値で割った余りをaに代入する）

演算と同時に代入できる複合代入演算子は、算術演算と代入演算の2つを1つの演算子で同時に行います。たとえば、変数aにbを加える式は2つの演算子を使って次のように書くことができます。

```
a = a + b
```

これは複合代入演算子を使うと、次のように1つの演算子で表現することができます。

```
a += b
```

次の例は、+=を使ってaの値にbの値を加算してaに保存する例です。

```
>>> a = 1
>>> b = 2
>>> a += b
>>> a
3
```

なお、すでに第3章で説明したように、MicroPythonでは1行で複数の代入が行えます。

```
x, y = 2, 3
```

この機能を使うと、次のようにしてaとbの2つの値を交換することができます。

```
a, b = b, a
```

これは、次の3ステップで値を入れ替えるのと同じです。

```
t = a
a = b
b = t
```

◆**セイウチ演算子**……………………………………………………………◆

値の評価と代入を行うことができる演算子 := があります。

たとえば、次のようにすると、aを2倍した値をnに保存してからnがゼロより大きいかどうかを評価します。

```
(n := a * 2) > 0
```

使用例を次に示します（if 文については第7章「制御構文」で説明します）。

```
>>> a = 2
>>> if (n := a * 2) > 0:
...     print(n)
...
...
4
```

ブロックの継続を表す「...」は、コードをペーストしたときにシステムによっては複数表示される場合があります。

49

◆関係演算子

関係（比較）演算子は、演算子の左辺と右辺の値を比較するための演算子です。比較した結果はブール型の値（True/False）になります。

表4.4●関係演算子

演算子	機能	例
<	小なり	a < b （aがbより小さいときに結果はTrue）
<=	小なり等価	a <= b （aがbより小さいか同じときに結果はTrue）
>	大なり	a > b （aがbより大きいときに結果はTrue）
>=	大なり等価	a >= b （aがbより大きいか同じときに結果はTrue）
==	等価	a == b （aとbは同じ）
!=	不等	a != b （aとbは同じではない）

これらの演算子は、条件判断のif文や繰り返しの構文のような制御構造で条件を判断するときによく使います。

次にif文で使う例を示します。

```
>>> x=0
>>>
>>> if x>=0 :
...     print( 'xはゼロ以上')
... else :
...     print( 'xはゼロ未満')
...
xはゼロ以上
>>> x = -1
>>>
>>> if x != 0 :
...     print( 'xはゼロでない')
... else :
...     print( 'xはゼロ')
...
xはゼロでない
>>>
```

制御構文については第7章「制御構文」で解説します。

◆論理演算子

論理演算子として、not、and、or があります。

論理演算子は、演算子の左右の値または（notの場合は）右側の値に作用して論理値を返します。たとえば、次の論理演算子を使った式は、a と b の値が共に True のときに True と評価されます。

```
a and b
```

次の表に MicroPython の論理演算子を示します。

表4.5●論理演算子

演算子	説明	例
and	左辺と右辺の論理積を評価する（右辺と左辺が共に真なら真）。	a and b
or	左辺と右辺の論理和を評価する（右辺と左辺のどちらかが真なら真）。	a or b
not	右辺の否定を評価する（右辺が真なら偽、右辺が偽なら真）。	not a

次に使用例をいくつか示します。

```
>>> n = 10; m = 12
>>> n > 1 and m > 10
True
>>> n < 0 or m > 1
True
>>> not (n > m)
True
```

◆優先順位

式は原則として左から順に評価されます。たとえば、「2 + 3 - 4」という式があったら、最初に2と3を加算してその結果から4を引きます。

ただし、演算子には優先順位があって、異なる演算子がある式では次の表の順に演算が行われます。算術演算子以外の演算子を含めた主な演算子の優先順位を次の表に示します。

第 4 章　演算

表4.6●主な演算子の優先順位

優先順位	演算子
高い	( )
	+、-、~（+ と - は単項演算子）
	**
	*、/、%、//
	+、-（+ と - は算術演算子）
	<<、>>
	&
	^
	|
	<、<=、>、>=、==、!=、<>、is、is not、in、not in
	not
	and
低い	or

　たとえば、式「2 + 3 * 4」では、+ より * のほうが優先順位が高いので、最初に 3 * 4 を計算して（3 に 4 をかけて）、それから 2 を加えます。
　また、( ) で囲むことによって優先順位を変えることができます。
　次の例では、最初の式「2 + 3 * 4」は 3 に 4 をかけた値に 2 を加えますが、次の「(2 + 3) * 4」では 2 に 3 を加えた結果に 4 をかけます。

```
>>> 2 + 3 * 4
14
>>> (2 + 3) * 4
20
```

これらの演算子とその優先順位をすべて覚える必要はありませんが、乗除算の演算子（*、/）が加減算の演算子（+、-）より優先順位が高いことや、() で囲った中の式の優先順位が優先されることは覚えておきましょう。

◆**複素数の演算**・・◆

複素数は実部と虚部で表され、虚数部に「j」を付けて表します

```
>>> j = (1.2 + 2.3j)
>>> print(j)
(1.2+2.3j)
```

複素数と複素数、あるいは複素数と実数を、算術演算子を使って演算することができます。算術演算子を使って演算すると、実部と実部、虚部と虚部がそれぞれ演算されます。

```
>>> a = 2.5 + 5.3j
>>> b = 3.2 - 2.3j
>>> a + b
(5.7+3j)
>>> a + 12.3
(14.8+5.3j)
>>> b * 2.0
(6.4-4.6j)
```

4.3 文字列の演算

+演算子は文字列を連結する演算子としても使うことができます。

◆**文字列の連結**・・◆

複数の文字列を+演算子を使って連結することができます。

```
>>> a = "Hello,"
>>> b = 'MicroPython'
>>> a + b
'Hello,MicroPython'
```

第 4 章　演算

　文字列以外の値を文字列と連結するときに、文字列以外の値が自動的に文字列に変換されることはありません。

```
msg = 'Value=' + 123    # エラーになる
```

　このような場合は、次のように str() を使って文字列以外の値を文字列に変換してから連結します。

```
msg = 'Value=' + str(123)
```

◆文字列の乗算

　乗算の演算子 * を使って、文字列を繰り返すことができます。たとえば、「'hello,' * 3」は 'hello,' を 3 回繰り返してつなげた値になります。

```
>>> print('hello,' * 3)
hello,hello,hello,
```

練習問題

練習問題 4.1
　半径が 5.0 の円の面積を計算してください。

練習問題 4.2
　値 12.34 の自乗を計算してください。

練習問題 4.3
　最初に年齢を整数で定義してから、名前と年齢を連結した文字列を作成してしてください。

5

タプル・リスト・辞書

同じ種類の値をいくつも並べて扱いたいことがあります。このようなときに、タプルやリストを使うと便利です。値とキーのペアは辞書に保存できます。この章では、タプルやリストと辞書と、その使い方の例を説明します。

5.1 タプル

複数の値をまとめて扱いたいときには、タプル（Tuple）を利用することができます。

◆**タプルの作成**……………………………………………………………………………◆

複数の値を入力して保存したいときには、値を（ ）で囲んで**タプル**にして保存することができます。次の例は 3 個の名前をタプルにしてひとつの変数 name に保存する例です。

```
name = ('Taro', 'Hanako', 'Jimmy')
```

REPL でタプルを作成して表示すると、変数の値が（ ）で囲まれて表示され、これがタプルであることがわかります。

```
>>> name = ('Taro', 'Hanako', 'Jimmy')
>>> name
('Taro', 'Hanako', 'Jimmy')
>>>
```

タプルの内容は数値でも構いませんし、異なる型の値でも構いません。

```
data = ('Monday', 12, 123.45)
```

タプルの要素には [ ] の中にインデックスを指定して参照できます（インデックスはゼロから始まります）。

```
>>> name = ('Taro', 'Hanako', 'Jimmy')
>>> name[1]
'Hanako'
```

ただし、タプルの要素は代入できないので、タプルの要素をインデックスを指定して変更することはできません。

```
>>> name = ('Taro', 'Hanako', 'Jimmy')
>>> name[0] = 'Kenta'
Traceback (most recent call last):
  File "<stdin>", line 1, in <module>
TypeError: 'tuple' object doesn't support item assignment
```

◆タプルの演算

演算子 + を使って複数のタプルを連結することができます。

```
>>> a = (2, 3, 4)
>>> b = (1, 2, 3)
>>> a + b
(2, 3, 4, 1, 2, 3)
```

タプルに整数を乗算することもできます。次の例は (2, 3, 4) を 2 倍して (2, 3, 4, 2, 3, 4) にする例です。

```
>>> a = (2, 3, 4)
>>> a * 2
(2, 3, 4, 2, 3, 4)
```

タプル同士で実行できるのは連結だけで、タプル同士を乗算したり減算することはできません。

```
>>> a = (2, 3, 4)
>>> b = (1, 2, 3)
>>> a * b
Traceback (most recent call last):
  File "<stdin>", line 1, in <module>
TypeError: unsupported types for __mul__: 'tuple', 'tuple'
>>> a - b
Traceback (most recent call last):
  File "<stdin>", line 1, in <module>
```

```
TypeError: unsupported types for __sub__: 'tuple', 'tuple'
```

5.2 リスト

リストとは、文字通り値を並べたものです。

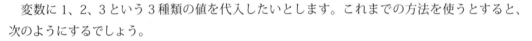

◆数値のリスト

変数に 1、2、3 という 3 種類の値を代入したいとします。これまでの方法を使うとすると、次のようにするでしょう。

```
x = 1
y = 2
z = 3
```

この方法では 3 個の別の名前の変数が必要になります。

しかし、リストというものを使うと、次の 1 行でひとつの変数に 3 個の値を保存できます。

```
a = [1, 2, 3]
```

これで、a というひとつの変数に 3 個の値を保存することができます。

このとき a を表示してみると、次の例のように値のリストが [ ] で囲まれて表示され、これがリストであることがわかります。

```
>>> a
[1, 2, 3]
```

ほかのプログラミング言語で配列という概念で取り扱うものを、Python ではリストで扱います。配列とリストの違いは、リストはオブジェクトであり、その内容をメソッドというものを使って操作できるという点です。メソッドについては後で説明します。

このとき、保存した最初の値は、a[0] で表されます。

```
>>> a[0]
1
```

同様に、2 番目と 3 番目の値は a[1] と a[2] で表されます。

```
>>> a[1]
2
>>> a[2]
3
```

MicroPython では、原則として要素は 0 から数えます。そのため、a に保存されている最初の値は a[0] になります。

リストの要素に、式を記述してもかまいません。次に例を示します。

```
>>> a = [2*3, 2+1, 7/4]
>>> a[0]
6
>>> a[1]
3
>>> a[2]
1.75
```

さらに、要素にリストを指定して、リストを入れ子にすることもできます。

```
>>> a = [1, [2,3],4]
>>> a
[1, [2, 3], 4]
>>> a[1]
[2, 3]
>>> a[2]
[4]
```

◆**リストの内容の操作**……………………………………………………………………

　リストの内容を変更するには、単にインデックスを指定してその内容を変更します。次の例は、最初に内容が 1、2、4、5、8 であるリストを定義したあと、最初の要素（a[0]）をゼロに変更する例です。

```
>>> a = [1,2,4,5,8]
>>> a
[1, 2, 4, 5, 8]
>>> a[0] = 0
>>> a
[0, 2, 4, 5, 8]
```

　さらには、コロンを使って、インデックスで指定した範囲のリストを取り出すこともできます。このとき、インデックスは

> (取り出す最初の要素のインデックス):(取り出す最後の要素の次のインデックス)

で指定します。つまり、内容が 1、2、4、5、8) であるリストを定義したあと、a[1:3] で要素を取り出すと、a[1] と a[2] が取り出されます。

```
>>> a = [0,2,4,5,8]
>>> a
[0, 2, 4, 5, 8]
>>> a[1:3]
[2, 4]
>>> a[1:2]
[2]
>>> a[0:4]
[0, 2, 4, 5]
```

このときのリストのインデックスは、次のような図を考えるとわかりやすいでしょう。

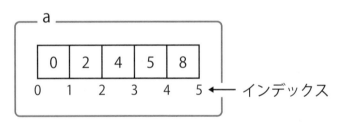

図5.1 ● リストのインデックス

インデックスには負の数も使うことができます。たとえば、次のようにします。

```
>>> a = [0,2,4,5,8]
>>> a[-3]                  # 後ろから3番目
4
>>> a[1:-2]                # 前から2番目から後ろから3番目までの範囲
[2, 4]
>>>
```

インデックスの範囲で要素を指定する際に、開始位置または終了位置のいずれかを省略することもできます。

```
>>> a = [0,2,4,5,8,10]
>>> a[2:]
[4, 5, 8, 10]
>>> a[:3]
[0, 2, 4]
```

上の例で、a[2:] は 3 番目の要素から最後の要素を取り出します。a[:3] は最初の要素から 3 番目の要素を取り出します。

コロンを使って範囲を指定して内容を変更するような操作はできません。次の例はエラーになる例です。

```
>>> a[2:3]=0
Traceback (most recent call last):
  File "<stdin>", line 1, in <module>
TypeError: can only assign an iterable
```

◆文字列のリスト

リストの内容は数値である必要はありません。リストには文字列も保存できます。次に 3 つの文字列を dogs という名前の変数に保存する例を示します。

```
>>> dogs = ['Pochi', 'Pera', 'Kenta']
>>> dogs[0]
'Pochi'
>>> dogs[2]
'Kenta'
```

文字列の内容は自由なので、アドレスやフォルダ名など記号や空白を含む文字列も保存できます。E メールアドレスや URL の管理をするのにもとても便利です。次の例は、メールアドレスを保存する例です。

5.2 リスト

```
>>> mail = ['dog@wan.cam', 'cat@nyaa.ca.jp']
>>> mail [0]
'dog@wan.cam'
>>> mail [1]
'cat@nyaa.ca.jp'
```

　リストの定義の際に要素を + 記号を使って連結したり、リストの要素を + 記号を使って連結することもできます。

```
>>> hello = ['hello, '+'MicroPython', 'Book']
>>> hello
['hello, MicroPython', 'Book']
>>> print (hello[0]+' '+hello[1])
hello, MicroPython Book
```

　文字列のリストも、数値のリスト同様にインデックスで変更したり、範囲を指定して取り出したりすることができます。

```
>>> dogs = ['Pochi', 'Pera', 'Kenta']
>>> dogs
['Pochi', 'Pera', 'Kenta']
>>> dogs[0:2]
['Pochi', 'Pera']
```

◆リスト内包表記

　リスト内包表記は、リストの要素を簡潔に定義できる表記です。
　ここで、奇数のリスト（1、3、5、7……）を作るとします。これまでの方法を使うなら、次の方法をとるでしょう。

Note: for と range() については、第 7 章「制御構文」で説明します。

63

```
odd = []
for x in range(1,19,2):
    odd.append(x)
```

append() はリストに要素を追加する関数（メソッド）です。

これを実行してから odd の内容を表示すると次のようになります。

```
>>> odd
[1, 3, 5, 7, 9, 11, 13, 15, 17]
```

リスト内包表記を使うと、同じことを次のように簡略に記述することができます。

```
odd = [x for x in range(1,19,2)]
```

次のようにすると、偶数のリスト（[0, 2, 4, 6, 8, 10, 12, 14, 16, 18, 20]）をリスト内包表記を使って記述するとができます。

```
even = [x * 2 for x in range(0,11)]
```

5.3　混在リスト

1つのリストに保存する要素の型は限定されていません。いいかえると、1つのリストに型の異なる値を保存することができます。

◆数値と文字列の混在リスト◆

1つのリストに数値と文字列など異なる型を保存することができます。次の例は、1つのリストに数値と文字列を保存する例です。

5.3 混在リスト

```
>>> a = [100, 'Dog', 12.34, 'Cat']
>>> a
[100, 'Dog', 12.34, 'Cat']
>>> a[1]
'Dog'
>>> a[2]
12.34
>>> a[0]
100
```

◆ リストのリスト

さらに、リストの中に混在リストを保存することもできます。そのため、次のような名前と年齢をペアにしたリストのデータをリストの要素として保存することもできます。

```
>>> member = [ ['Yamada', 23],['Honda', 32],['Tommy', 25] ]
>>> member
[['Yamada', 23], ['Honda', 32], ['Tommy', 25]]
>>> member[2]
['Tommy', 25]
>>> member[1][1]            # 2番目の要素の中の2番目の要素
32
```

 混在リストも、文字列のリストや数値のリスト同様にインデックスで変更したり、範囲を指定して取り出したりすることができます。

5.4 ジェネレーター

ジェネレーターは一連の値を生成するメカニズムです。ジェネレーターは必要なときにその場で値を生成するので、あらかじめ一連の値を生成しておくよりメモリーの効率が良くなります（特に膨大な一連の値が必要な時に有効です）。

◆**ジェネレーター式**◆

ジェネレーター式は、リスト内包表記と似ていますが、[] ではなく () を使う次の書式で定義します。

```
generator = (expression for item in iterable)
```

たとえば、1.1 から 11.0 までの数値をジェネレーター式で生成するときの式は次の通りです。

```
numbers = (x * 1.1 for x in range(1, 11))
```

このようにして numbers オブジェクトを作成しておけば、numbers.__next__() で生成される数を次々に取得することができます。

```
>>> numbers.__next__()
1.1
>>> numbers.__next__()
2.2
>>> numbers.__next__()
3.3
```

ジェネレーター式に条件を指定することもできます。たとえば、奇数だけを生成するジェネレーターは次のように定義できます。

```
odd = (i for i in range(1, 11) if i % 2 == 1)
```

この場合も、__next__() を使って次々に値を生成することができます。

```
>>> odd.__next__()
1
>>> odd.__next__()
3
>>> odd.__next__()
5
```

◆ジェネレーター関数

ジェネレーター関数は、一連の値を生成する関数です。ジェネレーター関数は次の書式で定義します。

```
def generator_func():
    for item in iterable:
        yield item
```

たとえば1から10の値を生成するジェネレーター関数は次のように定義します。

```
def generate_numbers():
    for x in range(1, 11):
        yield x
```

実際に値を生成するには、最初に関数の参照を作成します。

```
numbers = generate_numbers()
```

そして、next() を使って順に生成します。

```
>>> next(numbers)
1
>>> next(numbers)
2
>>> next(numbers)
3
```

5.5　辞書

辞書は、二つの対応する値のペアを保存するものです。

◆ MicroPython の辞書 ･･･◆

MicroPython の辞書は、キーと呼ぶ特定の値とそれに対応する値のペアを保存したものです。たとえば、英語とそれに対応する日本語、市外局番とそれに対応する市町村名など、値のペアを保存したものが辞書です。

キーを重複することはできません（ひとつのキーに対してそれに対応する異なる値を保存することはできません）。

◆辞書の作成･･◆

キーとそれに対応する値は、コロン（:）で区切り、このペアを波かっこ（{ }）を使って囲んで定義します。

```
>>> d = { 'key':'value'}
>>> d
{'key': 'value'}
```

上の例は、キーが 'key' で、値が 'value' の辞書を定義した例です。

辞書には、複数のペアを定義できます。そのためには、複数のキーと値を波かっこ（{ }）を使ってリストと似た形式で定義します。

5.5 辞書

次の例は、動物に関する英語とそれに対応する辞書の例です。

```
>>> animal = { 'dog':'Inu', 'cat':'Neko', 'fox':'Kitsune' }
```

辞書にキーをインデックスとして指定することで、値を検索することができます。たとえば、「animal['dog']」とすることで、キーが 'dog' に対応する値である 'Inu' を検索することができます。

```
>>> animal = { 'dog':'Inu', 'cat':'Neko', 'fox':'Kitsune' }
>>> animal['dog']
'Inu'
>>> animal['cat']
'Neko'
```

次の例は市外局番と市の名前の辞書の例です。ただし、市外局番の先頭の 0 は省略しています。

```
>>> areacode = { 11:'Sapporo', 3:'Tokyo', 45:'Yokohama', 6:'Osaka' }
>>> areacode
{3: 'Tokyo', 11: 'Sapporo', 45: 'Yokohama', 6: 'Osaka'}
>>> areacode[3]
'Tokyo'
>>> areacode[6]
'Osaka'
>>> areacode[88]
Traceback (most recent call last):
  File "<stdin>", line 1, in <module>
KeyError: 88
```

最後に 88（市外局番 088）を検索したときに「KeyError: 88」というエラーになっている点に注目してください。辞書に登録していないキーで値を検索しようとすると、このようにエラーになります。

このエラーでプログラムが停止しないように対処する方法については、第 11 章「例外処理と並列処理」で説明します。

　辞書の要素を変更したり追加するときには、単にキーを指定して値を代入します。たとえば、キー 88 に対する値「Kochi」を追加したければ、次のようにします。

```
>>> areacode[88] = 'Kochi'
>>> areacode
{11: 'Sapporo', 3: 'Tokyo', 45: 'Yokohama', 6: 'Osaka', 88: 'Kochi'}
```

　辞書の値には、必要に応じて異なる型の値を設定することができます。次の例は、キーが 'dog' である要素に最初に文字列で「Inu」を定義した後で、キー 'dog' に対して数値を設定した例です。

```
>>> animal = { 'dog':'Inu', 'cat':'Neko', 'fox':'Kitsune' }
>>> animal['dog'] = 123
>>> animal
{'dog': 123, 'cat': 'Neko', 'fox': 'Kitsune'}
```

練習問題

練習問題 5.1
10 以下の奇数を含むタプルを作って 2 番目の値を出力してください。

練習問題 5.2
1 から 5 までの値の 2 乗のリストを作って 3 番目の要素を出力してください。

練習問題 5.3
魚の英語名と日本語の名前のリストを作ってください。

6

入出力

この章では、キーボードから文字列や数値を入力したり、文字列や数値をコンソールなどに表示する方法を説明します。

6.1 文字列の入力

マイコンや組み込み機器でキーボードを使うことは多くはありませんが、キーボードが使える状況の時には、キーボードからの入力を容易に受け取ることができます。

◆ input()

キーボードからの値の入力には、input() を使うことができます。

```
v = input()
```

たとえば、次のように使います。

```
>>> v = input()
Hello
>>> v
'Hello'
```

見てわかるように、input() で入力された値（上の例では変数 v に保存された値）は、文字列として扱われます。

 入出力は環境に依存するために、環境によっては input() は予期した通りに機能しません。たとえば、エミュレーターを使う環境では input() は入力を待ちません。Thonny や Linux の micropython では input() を上記のように使うことができます。

◆プロンプトの出力

input() の引数には、入力を促すためのプロンプトを指定することができます。

```
v = input('入力を促す文字列')
```

たとえば、「Name:」と表示して入力を促し、入力された値を name という変数に保存し、変数の内容を表示するときには次のようにします。

```
>>> name = input('Name:')
Name:Yamada Hanako
>>> name
'Yamada Hanako'
```

◆文字列から数値への変換

input() で入力すると、たとえ数値を入力しても文字列として保存されます。
次の例を見てください。

```
>>> score = input('Score:')
Score:88
>>> score
'88'
>>> type(score)
<class 'str'>
```

最後の type() は引数の変数のクラス(型と考えてよい)を返します。入力した 88 は文字列(str)の '88' として変数に保存されています。
この文字列表記の数を計算に使うことはできません。文字列表現の数を整数または実数に変換する必要があります。
文字列を整数に変換するには、int() を使います。

```
>>> score = int(score)  # 数値に変換
>>> score
88
>>> type(score)
<class 'int'>
```

つまり、次の 2 行で整数値の入力を行うことができます。

第6章　入出力

```
score = input('Score:')    # 入力
score = int(score)         # 数値に変換
```

なお、数値以外の値を int() で変換しようとすると、エラーになります（第11章「例外処理」で対処方法を示します）。また、実数値に変換する場合には float() を使います。

◆ **リストへの複数の値の保存** ··· ◆

入力された複数の値をリストを使って保存することもできます。

```
names = []    # 空のリストを作る

for i in range(5):      # 名前を入力することを5回繰り返す
    name = input('Name:')
    names.append(name) # リストに名前を追加する
```

この例では、最初に names という名前の空のリストを作っておいて、append() で入力された名前をリストに追加しています。

次の例は、「quit」という文字列が入力されるまで複数の名前を入力してリストに保存し、保存された名前を出力するスクリプトの例です。

リスト6.1●ex6-1.py

```
# ex6-1.py
names = []
while 1:
    name = input('Name:')
    if name == 'quit' :
        break
    names.append(name)

print('=== Name List ===')
```

```
for name in names:
    print(name)
```

　上のプログラムでは、はじめに空のリスト names を宣言しておきます。そして、文字列「quit」が入力されるまで while 文で繰り返し名前を入力して、入力された名前を append() で配列に追加します。最後に、for 文を使って入力された一連の名前を出力します。
　実行例を次に示します。

```
Name:Taro
Name:Jimmy
Name:Hanako
Name:quit
=== Name List ===
Taro
Jimmy
Hanako
```

while や for などの制御文については、第 7 章「制御構文」で説明します。

6.2　出力

ここではコンソールへの出力に関することを説明します。

◆ print()

print() を使って値を出力することはこれまでもやってきました。

```
print('Hello, MicroPython!')
print( 2 * 3)
```

print() の引数には、カンマ（,）でつなげて複数の値を指定して複数の値を出力することもできます。

```
x = 12; y = 0
print('x=', x, 'y=', y)
```

print() はデフォルトの挙動では引数の値を出力したあとで改行します。たとえば、次のコードを実行するとします。

```
dogs = ['Pochi', 'Pera', 'Kenta']

for name in dogs:
    print(name)
```

すると、次のように出力されます。

```
Pochi
Pera
Kenta
```

print() の引数に end='' または end="" を指定することで、値を出力した後で改行しなくなります。

次の例は名前のリストを1行で出力するコードの例です。

```
dogs = ['Pochi', 'Pera', 'Kenta']

for name in dogs:
    print(name, ' ', end='')
```

これを実行すると、「Pochi   Pera   Kenta   」と出力されます。

◆**書式指定**･･◆

書式を指定して、出力する書式を細かく指定することができます。

文字列 str のメソッド format() を使うと、出力する文字列の書式を指定できます。

置換フィールドと呼ばれる { } に書式を指定すると、format() の引数の値が順に書式に従って出力されます。

```
print('{書式1}{書式2}{...}'.format(n1, n2, ...))
```

この場合、書式 1 には n1 の値が出力され、書式 2 には n2 の値が出力されます。

次の例は 2 個の整数値を 16 進数と 8 進数で出力する例です。

```
n1 = 12; n2 = 23
print('{:#04x} {:#04o}'.format(n1, n2))
```

#04x は値を 4 桁の 16 進数で出力するための書式指定、#04o は値を 4 桁の 8 進数で出力するための書式指定です。書式指定については後でもう一度説明します。

REPL で実行すると次のようになります。

```
>>> n1 = 12; n2 = 23
>>> print('{:#04x} {:#04o}'.format(n1, n2))
0x0c 0o27
```

置換フィールドの中に format() の引数の値の位置を指定すると、指定した順番で出力されるようになります。

```
print('{2} {1} {0}'.format(255, 'hello', 1.23))
```

上の例では、{2} に「1.23」が入れられ、{1} に「hello」が入れられ、{0} に「255」が入れられます。

REPL で実行すると次のようになります。

```
>>> print('{2} {1} {0}'.format(255, 'hello', 1.23))
1.23 hello 255
```

 新しいバージョンの Python では、組み込み関数 format() が導入されていますが、本書執筆時の MicroPython ではまだサポートされていません。

◆書式指定文字列

文字列メソッド str.format() を使って書式を指定する方法では、書式指定文字列を使って、出力する書式を細かく指定することができます。

書式指定文字列に文字列を書くと、そのまま出力されます。たとえば、次の例は「Value=」という文字列に続いて置換フィールド {} に置き換えられる値 n が入れられて「Value=123」と出力されます。

```
print('Value={}'.format(n))
```

整数を、2 進数、8 進数、16 進数で出力したい場合は、次の表の文字を使います。

表6.1●整数の書式指定文字

文字	出力される形式
b	2 進数
o	8 進数
d	10 進数
x	16 進数（アルファベットは小文字）
X	16 進数（アルファベットは大文字）

以下に例を示します。

```
>>> n = 124
>>> print('bin: {:b}'.format(n))
bin: 1111100
```

```
>>> print('oct: {:o}'.format(n))
oct: 174
>>> print('hex: {:x}'.format(n))
hex: 7c
>>> print('HEX: {:X}'.format(n))
HEX: 7C
```

整数の場合、書式指定でカンマ（,）を指定すると、3桁ごとにカンマが表示されて見やすくなります。

```
>>> print(,{:,}'.format(1234567))
1,234,567
```

実数を、2進数、8進数、16進数で出力したい場合は、次の表の文字を使います。

表6.2●実数の書式指定文字

文字	出力される形式
f	固定小数点表記
F	固定小数点表記
e	指数表記（e は小文字）
E	指数表記（E は大文字）
g	固定小数点表記か指数表記のより簡潔な形式
G	固定小数点表記か指数表記のより簡潔な形式

次に例を示します。

```
>>> n = 123.45
>>> print(,{:f}'.format(n))
123.449993
>>> print(,{:F}'.format(n))
123.449993
>>> print(,{:e}'.format(n))
1.234500e+02
```

第 6 章　入出力

```
>>> print(,{:E}'.format(n))
1.234500E+02
>>> print(,{:g}'.format(n))
123.45
>>> print(,{:G}'.format(n))
123.45
```

書式指定文字を c としたときに全体の桁数 m や小数点以下の桁数（精度）n を指定するときには次のようにします（整数の場合は全体の桁数 m を指定できます）。

[m][.n]c

次に例を示します。

```
>>> n = 123.45
>>> print('{:8.2f}'.format(n))
  123.45
>>> print('{:8.2G}'.format(n))
 1.2E+02
>>> print('{:8d}'.format(x))
   12345
```

書式指定文字列の先頭に 0 を付けると出力幅いっぱいになるように左側がゼロで埋められます。

```
>>> print('{:08.2f}'.format(1.23))
00001.23
```

書式指定文字列の先頭に + または - を付けると、符号が出力されます。

```
>>> print('{:+8.2f}'.format(1.23))
   +1.23
```

```
>>> print('{:-8.2f}'.format(1.23))
    1.23
>>> print('{:-8.2f}'.format(-1.23))
   -1.23
>>> print('{:+8.2f}'.format(1.23))
   +1.23
>>> print('{:-8.2f}'.format(1.23))
    1.23
>>> print('{:+8.2f}'.format(-1.23))
   -1.23
>>> print('{:8.2f}'.format(-1.23))
   -1.23
```

書式指定文字として%を指定すると、floatまたはintの値を100倍して%を付けた値が出力されます（小数点以下にわずかな計算誤差が含まれます）。

```
>>> print('{:%}'.format(12))
1200.000048%
>>> print('{:%}'.format(0.12345))
12.345001%
```

◆ f-string 書式指定

fで始まる文字列（**f-string**）を使って書式を指定することもできます。

この方法では、出力値（val）と書式（format）を次の形式で指定します。

```
print(f"{val:format}")
```

出力値には整数や実数のほかに文字列も含まれます。書式には桁数（あるいは文字数）を指定することができ、実数の場合は「.」（ピリオド）の後に小数点以下の桁数を指定することできます。たとえば、次のように使います。

```
print(f"{123:8d}")          # 整数を8桁で出力する(余白は空白で埋められる)
print(f"{16.345:10.2f}")    # 実数を10桁、小数点以下2桁で出力する
print(f"{123:2x}")          # 整数を16進数で出力する
print(f"{'Python!':10}")    # 文字列を10文字で出力する
```

 f-stringを使った書式指定は、本書執筆時点ではサポートされていないシステムがあります。

練習問題

練習問題 6.1

名前を入力すると、'Hello, (名前)' と出力するコードを REPL で実行してください。

練習問題 6.2

数値を入力するとその2倍の数を表示するコードを REPL で実行してください。

練習問題 6.3

円周率 π（パイ =3.14159265359）を全体で8桁、小数点以下4桁で出力してください。

7 制御構文

プログラムはリストの上から順番に実行するほかに、順序を変えたり繰り返して実行することができます。このような実行の順序を制御する文を制御構文といいます。
この章では、制御構文について説明します。

第 7 章　制御構文

7.1　if 文

条件文は条件式の値に応じて実行する文を決定します。

◆条件式の構文・・・◆

MicroPython の条件式には if … : ～ else : ～という構文を使います。

```
if (条件式):
    (条件が真であるとき実行する文)
[ else :
    (条件が真でないとき実行する文)]
```

「条件が真である」とは条件式が満たされていることを示し、True であるともいいます。「条件が真でない」とは、条件式が満たされていないことを示し、偽または False ともいいます。

「if … : ～ else : ～」構文の else とそれに続く文（条件が真でないとき実行する文）は省略することができます。

「条件が真であるとき実行する文」の先頭はキーワード if より右にずらして書きます。else : のあとの行も else の先頭より右にずらして書きます。このようにすることでキーワードなどの「内部にあるブロックである」ことを MicroPython インタープリタに知らせるだけでなく、目で見てわかりやすくなります。

> 行の先頭を右にずらして書くことを「インデント」といいます。MicroPython ではブロック構造をインデントで表現します。

単純な実例を見てみましょう。まず、if 文の前に次のような式があるものと仮定します。

```
x = 0
```

REPL で実行すると if 文は次のように使います。

```
>>> if x == 0 :
...     print('x is zero')
...
...
x is zero
```

 実行環境によっては 2 行目以降の文が続いていることを示す「...」が表示されない場合があります。

if のあとの「x == 0」は条件式です。==（イコール 2 個）は代入演算子ではなく、同じかどうか調べる（等価比較）演算子として働きます。

このコードは変数 x がゼロの場合に「x is zero」を出力します。つまり、if 文の条件式(x == 0)が真のときには、あとに続く「print('x is zero')」が実行されます。

変数 x がゼロでない場合に何か実行したいときには、else のあとに書きます。

```
>>> x = 2
>>>
>>> if x== 0:
...     print('x is zero')
... else:
...     print('x is not zero')
...
x is not zero
>>>
```

条件式は大小の比較でもかまいません。たとえば、「x がゼロより大きい」という条件式を使いたいときには、次のようにします。

```
if x>0 :
    （xがゼロより大きいときに実行するコード）
else :
    （ xがゼロ以下のときに実行するコード）
```

実行例を次に示します。

```
>>> x = 0
>>>
>>> if x>0 :
...     print('x is greater than zero')
... else :
...     print('x is less than or equal to zero')
...
x is less than or equal to zero
>>> x = 2
>>>
>>> if x>0 :
...     print('x is greater than zero')
... else :
...     print('x is less than or equal to zero')
...
x is greater than zero
>>>
```

大小の比較は、文字列でも行うことができます。次の例は、文字列「ABC」と「abc」の大小を比較する例です。

```
>>> a = 'ABC'
>>> b = 'abc'
>>>
>>> if a>b :
...     print('uppercase letters are larger')
```

```
... else :
...     print('uppercase letters are smaller')
...
uppercase letters are smaller
>>>
```

 この場合、「大きい」とは文字コードの値が大きいことを意味します。文字コードとはそれぞれの文字に与えられている数値のことです。小文字の文字コードは、大文字の文字コードより大きな値として定義されています。

◆ elif

if 文が続けて 2 回以上続く場合は elif を使うことができます。

```
if (条件式):
    (条件が真であるとき実行する文)
elif (条件式2):
    (条件式2が真であるとき実行する文)
[ else :
    (条件が真でないとき実行する文)]
```

次の例は、x がゼロの場合、ゼロより大きい場合、ゼロより小さい場合を、if … elif … else を使って調べる例です。

```
>>> x = -3
>>>
>>> if x==0 :
...     print('x is zero')
... elif x > 0:
...     print('x is greater than zero')
```

```
... else :
...     print('x is less than zero')
...
x is less than zero
>>> x = 3
>>>
>>> if x==0 :
...     print('x is zero')
... elif x > 0:
...     print('x is greater than zero')
... else :
...     print('x is less than zero')
...
x is greater than zero
>>> x = 0
>>>
>>> if x==0 :
...     print('x is zero')
... elif x > 0:
...     print('x is greater than zero')
... else :
...     print('x is less than zero')
...
x is zero
>>>
```

7.2 while 文

　while 文は、条件式が満たされている限り（条件式が真である限り）、：のあとに続く（繰返し実行するコード）を繰返し実行します。

◆ while の構文

最も単純な構文は次の通りです。

```
while（条件式）:
    （繰返し実行するコード）
```

たとえば、次の例は i が 8 未満である限り while ループでその値を出力する MicroPython のプログラムの例です。

```
>>> i=0
>>>
>>> while i<8:
...     print(i)
...     i = i + 1
...
0
1
2
3
4
5
6
7
>>>
```

この while ループの条件式は「i<8」で、変数 i の値が 7 以下である限り、そのあとのインデントしたブロックの中のコードを実行することを示します。

繰り返して実行されるコードは、値を出力する「print(i)」と、i の値を 1 だけ増加する（**インクリメント**するという）「i = i + 1」のふたつです。

（繰返し実行するコード）の中で continue が実行されると while 文の先頭に戻り、break が実行されると繰り返しを中断することができます。これらは、最も一般的には if … else 〜文とともに使います。

第 7 章　制御構文

```
while (条件式):
   (繰返し実行する式)
   if (条件式)
     (if文が真のときに実行する式)
      continue
   else :
     (if文が偽のときに実行する式)
```

　次の例は、(繰返し実行する式) の中で i をインクリメントして、その結果が奇数 (2 で割った余りが 1) であれば while の先頭に移動し、そうでなければ else のあとの式が実行されます。結果として、8 以下の偶数が出力されます。

```
>>> i = 0
>>> while i < 8:
...     i = i + 1
...     if i % 2 == 1:
...         continue
...     else :
...         print(i)
...
2
4
6
8
```

　break を使うと while 文を中断できるので、上のプログラムは次のように書き換えることもできます。

```
>>> i = 0
>>> while True:
...     i = i + 1
...     if i % 2 == 1:
...         continue
```

```
...        elif (i >9):
...            break
...        else :
...            print(i)
...
2
4
6
8
```

7.3 for 文

　文字列や、リスト型のようなシーケンス（つながっているもの、厳密には iterable という）の内容を繰り返して処理や操作をしたいときには for 文を使います。

◆ **for 文の構文** ………………………………………………………………………◆

for 文の書式を次に示します。

```
for val in iterable :
    （繰り返し実行するコード）
```

　これは、iterable の中の要素に対して順に（繰り返し実行するコード）を実行します。
　次の例は、i が 0 から 7 になるまで、数字を繰り返し出力します。

```
>>> for i in [0,1,2,3,4,5,6,7]:
...     print( i )
...
0
1
2
```

```
3
4
5
6
7
```

　MicroPythonの組み込み関数range()を使うと、同じことを次のように実行することもできます。

```
>>> for i in range(8):
...     print ( i )
...
0
1
2
3
4
5
6
7
```

標準関数range()は、指定した範囲の数列を含むリスト（厳密には範囲を表すrangeオブジェクト）を生成するための関数です。この場合、「range(8)」は[0,1,2,3,4,5,6,7]を生成します。range()については、第8章「関数」で詳しく説明します。

次の例は4種類の名前を出力します。

```
>>> animal = ['dog', 'cat', 'fox', 'tigar' ]
>>> animal
['dog', 'cat', 'fox', 'tigar']
>>> for a in animal :
...     print(a)
...
dog
cat
fox
tigar
>>>
```

次の例では、1、3、5、7、9という値を半径としたときの円の面積を順に計算します。

```
>>> rc = [1,3,5,7,9]
>>> for r in rc:
...     print('radius:', r, ' Area=', r*r*3.14)
...
radius: 1  Area= 3.14
radius: 3  Area= 28.26
radius: 5  Area= 78.5
radius: 7  Area= 153.86
radius: 9  Area= 254.34
```

Note 事前の処理（たとえばopen()）とそれに対応した終了時の処理（たとえばclose()）を実行し、その間に本来必要な処理を行う必要があるファイルアクセスのような操作を行うときには、with文を使うことができます。with文については第10章「ファイル」で説明します。

練習問題

練習問題 7.1
入力された数値が正の数かゼロなら「Positive」負の数なら「Negative」と表示するプログラムを作成してください。

練習問題 7.2
0 から 10 までの数のうち、偶数だけを出力するプログラムを作成してください。

練習問題 7.3
数 1、2、3、7、11 のそれぞれの二乗を出力するプログラムを作成してください。

8

関数

関数はまとめた一連のコードに名前を付けたものです。同じコードを繰り返して使う時に関数は特に役立ちます。
この章では関数について学びます。

8.1 関数

プログラミングでは、関数を使う目的がいくつかあります。

◆値を返す関数……………………………………………………………………◆

数学では、関数は、特定の入力値に対してなんらかの結果を返すものです。プログラミングでも、なんらかの値を返すものとして関数を定義することはよくあります

たとえば、あるリストがあったときに、その中の要素数を知りたいときには、長さを調べる関数 len() を使うことができます。

```
>>> a= [1,2,3,4,5,6,7]
>>> len (a)
7
```

このように、渡す値（この場合は a、**引数**または**パラメータ**と呼ぶ）に対応して何らかの値を返すものを**関数**と呼びます。

第 7 章「制御構文」の「for 文」で出てきた range() も関数です。range() は、連続する数のリストを range 型オブジェクトとして生成します。

range() は次の書式で使います。

```
range([start,] end [, step])
```

start は最初の値、end はリストの最後の値の次の値、step は連続して生成するときの間隔です。

たとえば、range(1, 10, 2) とすると、最初の値は 1、最後の値は 9、連続して生成する値の間隔は 2 の range オブジェクトが生成されて返されます。

```
>>> x = range(1, 10, 2)
>>> x
range(1, 10, 2)
```

これでは、range(1, 10, 2) というオブジェクトの内容がわからないので、さらに list() で

この内容を調べてみましょう。

```
>>> list(x)
[1, 3, 5, 7, 9]
```

すると、list() が返した値は、最初の値が 1、最後の値が 9、間隔が 2 である [1, 3, 5, 7, 9] というリストであることがわかります。

あるいは次のようにして range オブジェクトの要素を順に出力することもできます。

```
for i in range(1, 10, 2):
    print(i, end='')
```

これを実行すると、「13579」と出力されます。

range(1, 10) なら「123456789」と出力され、range(5) なら「01234」と出力されます。

```
>>> for i in range(1, 10):
...     print(i, end='')
123456789

>>> for i in range(5):
...     print(i, end='')
01234
```

また、第 5 章「入出力」で使った input() も関数です。

input() は次のように使いました。

```
x = input(' Name? ')
print('Hello, ', x)
```

x には input() が返した値(この場合はユーザーが入力した入力された名前)が保存されました。

これもあらかじめ定義されている値を返す関数を使う代表的な例ですが、引数と返される値の間に特定の関係はありません。

◆**繰り返して行う処理**……………………………………………………………◆

　関数には、別の使い方もあります。それは、同じような処理や操作を繰り返し何度も行うときに、繰り返し何度も行う部分を関数という名前を付けたひとまとまりのプログラムコードにまとめる方法です。

　ここで、「半径が3、5、7、11の円の面積を求めてそれぞれ表示する」というプログラムを、これまで学んだ知識だけで実行するものとします。次のようにするでしょう。

```
>>> a = 3.0 * 3.0 * 3.14
>>> print( 'Area of radius 3=', a)
Area of radius 3= 28.26
>>>
>>> a = 5.0 * 5.0 * 3.14
>>> print( 'Area of radius 5=', a)
Area of radius 5= 78.5
>>>
>>> a = 8.0 * 8.0 * 3.14
>>> print( 'Area of radius 7=', a)
Area of radius 7= 153.86
>>>
>>> a = 11.0 * 11.0 * 3.14
>>> print( 'Area of radius 11=', a)
Area of radius 11= 379.94
```

　これはこれで間違いないのですが、これは次のコードのxをそのたびに変えているだけで、あとは同じことの繰り返しです。そのため、コード全体は冗長になってしまいます。

```
a = x * x * 3.14
```

　そこで、この式「x * x * 3.14」を何度でも呼び出して使えるようにしようとするものが関数です（これを関数として定義して使う例は、8.2節「関数の定義」で説明します）。

◆**メソッド**･･･◆

リストの内容そのものを変更することもできます。たとえば、数値のリストに対して sort() を使うと、リストの内容を小さい順に並べ替えることができます。

```
>>> a=[2, 5, 1, 8, 3]
>>> a
[2, 5, 1, 8, 3]
>>> a.sort()
>>> a
[1, 2, 3, 5, 8]
>>>
```

また、たとえば、文字列のリストに対して sort() を使うと、リストの内容をアルファベット順に並べ替えることができます。

```
>>> dogs = ['Pochi', 'Pera', 'Kenta']
>>> dogs
['Pochi', 'Pera', 'Kenta']
>>> dogs.sort()
>>> dogs
['Kenta', 'Pera', 'Pochi']
```

この場合、sort() はリストの内容そのものを変更します。このように、オブジェクト（プログラミング上の「もの」）に対して何らかの作用を与えるものを**メソッド**といいます。また、メソッドは必ず（オブジェクト）．（メソッド）のようにピリオドをはさんでオブジェクトの後に指定します。

オブジェクトに対して使えるメソッドもたくさんあり、さらに、プログラマが自分で作ることもできます。

オブジェクトはクラスから作成します。クラスについては第 9 章「クラス」で説明します。

既存のリストに要素を追加したいときには、メソッド append() を使います。次の例は、dogs に「Cream」を追加する例です。

```
>>> dogs = ['Pochi', 'Pera', 'Kenta']
>>> dogs
['Pochi', 'Pera', 'Kenta']
>>> dogs.append('Cream')
>>> dogs
['Pochi', 'Pera', 'Kenta', 'Cream']
>>> dogs.sort()
>>> dogs
['Cream', 'Kenta', 'Pera', 'Pochi']
>>>
```

メソッドについてもあとの章でさらに詳しく学びます。ここでは、言葉と意味を覚えましょう。

8.2 関数の定義

ここでは単純な関数の作り方を説明します。

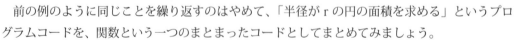
◆**関数の形式**

前の例のように同じことを繰り返すのはやめて、「半径が r の円の面積を求める」というプログラムコードを、関数という一つのまとまったコードとしてまとめてみましょう。

関数を定義するときの形式は次の通りです。

```
def FuncName([引数]):
    (関数の内容)
```

　ここで *FuncName* は関数の名前で、一般的にはその関数の機能がわかるような名前を付けます。[ ] は省略可能であることを示します。「def *FuncName*([引数])」の最後には、コロン(:)を付けます。こうすることによって、この構文が次に続くことを表します。

　（関数の内容）は、この関数を呼び出したときに実行されるコードですが、特に重要なことは、（関数の内容）を関数定義の先頭（def *FuncName*）より右側にずらして入力するということです。行の先頭を右にずらすためには、行の先頭に空白を入れます。このように、行の先頭に空白を入れることを**インデント**といい、Python ではインデントすることでその行が前の行の中に論理的に含まれることを意味します。

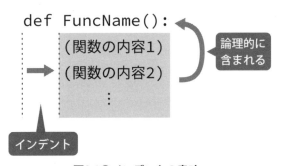

図8.1●インデントの意味

 インデントするときには空白を数個（4個程度）使うのが普通ですが、空白は1個以上であれば任意の数でかまいません。また、[Tab] を使うこともできます。ただし、ひとつのプログラムを通して決まった数の空白を使うことが推奨されています。

　こうして関数 *FuncName* をあらかじめ定義しておくと、あとで何度でも呼び出すことができます。

図8.2●関数

　ここでは、関数に CircleArea という名前を付けることにしましょう。関数の内容は、この場合は、「半径が r の円の面積を求めてそれを表示する」というプログラムコードです。この場合、引数はないので、関数名の後のかっこ ( ) の中は空です。

```
def CircleArea() :
  a = r * r * 3.14
  print( 'Radius:', r, 'Area=', a)
```

　実際に入力するときには次のようになります。

```
>>> def CircleArea() :
...     a = r * r * 3.14
...     print( 'Radius:', r, 'Area=', a)
...
>>>
```

　...はブロック（この場合は関数定義）が続いていることを表すプロンプトです。...の直後に [Enter] キーを押すと、行の継続は中止され、通常のプロンプト（>>>）が表示されます。
　関数を呼び出すときには、あらかじめ必要な変数に値を設定しておいてから、関数名の最後に () を付けます。たとえば、「半径 r = 3 の円の面積を求めてそれを表示する」であるとすると、次のようになります。

```
>>> r=3
>>> CircleArea()
半径 3 の面積= 28.26
```

この関数を使って、前にやった一連の計算を書き換えると、次のようになります。

```
def CircleArea() :
    a = r * r * 3.14
    print( 'Radius:', r, 'Area=', a)

r=3
CircleArea()
r=5
CircleArea()
r=7
CircleArea()
r=11
CircleArea()
```

MicroPython の REPL での実行結果は次のようになります。

```
>>> def CircleArea() :
...     a = r * r * 3.14
...     print( 'Radius:', r, 'Area=', a)
...
>>> r=3
>>> CircleArea()
半径 3 の面積= 28.26
>>> r=5
>>> CircleArea()
半径 5 の面積= 78.5
```

```
>>> r=7
>>> CircleArea()
半径 7 の面積= 153.86
>>> r=11
>>> CircleArea()
半径 11 の面積= 379.94
>>>
```

　この場合は、面積を計算するというプログラムコードをひとつにまとめることができました。プログラムコードをひとつにまとめることで、間違いを探して直す（デバッグ）の手間が減ったり、より確実なプログラムを作成することができるようになります。

　これで良いのですが、関数を呼び出すたびに変数 r に数値を指定するのは煩雑です。次にこの点を改善してみましょう。

◆関数の引数

　関数の形式は次の通りでした。

```
def FuncName([引数]) :
    ( 関数の内容 )
```

　つまり、関数には**引数**（**パラメータ**）を指定することができます。これは、関数に値を渡すことができるといいかえることもできます。引数は必要に応じて複数指定できるようにすることができます。

　関数に引数を指定できるようにすると、先に示した面積を求めるプログラムはもっと簡潔になります。CircleArea() を次のように再定義してみましょう。

```
def CircleArea(r) :
  a = r * r * 3.14
  print( 'Radius:', r, 'Area=', a)
```

8.2 関数の定義

実際に入力するときには次のようになります。

```
>>> def CircleArea(r) :
...     a = r * r * 3.14
...     print( 'Radius:', r, 'Area=', a)
...
>>>
```

すると、関数を呼び出すたびに変数 r に数値を指定しなくても、次のように関数を呼び出す際に引数に半径の値を渡して面積を計算し、出力することができます。

```
>>> CircleArea(3)
Radius:3 Area= 28.26
>>> CircleArea(5)
Radius:5 Area= 78.5
>>> CircleArea(7)
Radius:7 Area= 153.86
>>> CircleArea(11)
Radius:11 Area= 379.94
>>>
```

引数は複数でもかまいません。たとえば、addTwo という名前の関数に、a と b という 2 個の値を渡して、加算した結果を返したい（return する）場合、次のような関数を定義することができます。

```
def addTwo(a, b):
    return a + b
```

MicroPython の REPL での実行結果は次のようになります。

```
>>> def addTwo(a, b):
...     return a + b
...
>>> addTwo(2,3)
5
```

 Note Python に標準で提供されている関数の中にも、複数の引数を指定できるものがあります。たとえば、print() には複数の引数を指定できます。

◆複数の戻り値

複数の値を返す関数を作成することもできます。複数の数を返すためには、return 文の後に返す値をカンマ（,）で区切って並べます。

```
def func(param):
  v1 = ...   # 計算など
  v2 = ...   # 計算など
  return v1, v2
```

次の例は、半径 r を指定すると、面積（area）と円周（circumference）を返す関数とそれを呼び出すコードの例です。

```
def getAreaAC(r):
  area = 3.14 * r * r
  circumference = 2 * 3.14 * r
  return area, circumference
```

```
for r in range(1,5):
    a, c = getAreaAC(r)
    print('r=',r,'Area=',a,'Circumference=',c)
```

これを実行すると、次のように出力されます。

```
r= 1 Area= 3.14 Circumference= 6.28
r= 2 Area= 12.56 Circumference= 12.56
r= 3 Area= 28.26 Circumference= 18.84
r= 4 Area= 50.24 Circumference= 25.12
```

8.3 関数内関数

ここでは関数内関数とクロージャーについて説明します。

◆**関数内関数**………………………………………………………………………◆

関数内関数は、ある関数内で宣言された関数です。基本的な書式は以下の通りです。

```
def 外側の関数():
    def 内側の関数()
        内側の関数の処理
    外側の関数の処理
```

たとえば、次のように定義します。

第 8 章　関数

```
def calc(a,b):
    def add(c,d):
        return c + d
    r = add(a,b)
    print(a, '+', b, '=', r)
```

上の例は、関数 calc() の中に関数 add() を定義した例です。
次のように呼び出すと、式と結果を出力します。

```
>>> calc(3,2)
3 + 2 = 5
```

関数内に関数を定義する意味は、内側の関数はこの関数の中だけで使われるように限定しているということです。

◆クロージャー

クロージャーの書式は次の通りです。

```
def 外側の関数(引数A)
    def 内側の関数()
        内側の関数の処理(引数Aを使用)
    return 内側の関数
```

関数内関数と似ていますが、内側の関数で外側の関数の引数または変数を使うことが関数内関数とは違います。
この関数は次の形式で呼び出します。

```
f = 外側の関数(引数A)
print(f())
```

実際のコード例を次に示します。

8.3 関数内関数

```
def calc(a):
    def add(b):
        return a + b
    return add
```

このコードの add() がクロージャーです。関数 calc() の戻り値はクロージャー add です（戻り値としては add() のように () を付けません）。calc() の戻り値には () がついていないため、実行手前の add が戻り値になります。

これは次のように呼び出します。

```
>>> f = calc(3)
>>> print(f(2))
5
```

単に calc(3) のように呼び出すと、<closure> が返されます。

次のように、外側の関数の引数に異なる値を指定してクロージャーを作成しておいて、任意の値を指定して内側の関数の計算を行うことができます。

```
>>> x1 = calc(2)
>>> x2 = calc(3)
>>> x3 = calc(4)
>>> print(x1(5))
7
>>> print(x2(5))
8
>>> print(x3(5))
9
>>> print(x1(4))
6
```

練習問題

練習問題 8.1
文字列を定義して、その長さを求めて表示するプログラムを作ってください。

練習問題 8.2
幅（width）と高さ（height）を受け取って四角形の面積を返す関数を定義してください。

練習問題 8.3
一辺の長さが 3、5、7、11 の正方形の面積を関数を使って求めてそれぞれ表示してください。

9 クラス

クラスはオブジェクトを作成するときのひな型（テンプレート）です。
この章では、クラスの定義の仕方と使い方を学習します。

9.1　クラスとオブジェクト

オブジェクト指向プログラミングでは、一般にクラスからオブジェクトを作成します。

◆**オブジェクト**･･･◆

オブジェクトとは、特定の型（クラス）の**インスタンス**（具体的なオブジェクト）のひとつのことです。

たとえば、Dog（犬）クラスというのは型（種類）の名前であって、Dog クラスのたとえば pochi という特定の犬がインスタンスであり具体的なオブジェクトです。

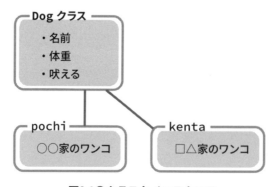

図9.1●クラスとインスタンス

Dog は pochi だけではなく、隣の家の kenta も Dog ですから、同じクラスのオブジェクト（インスタンス）が複数存在することはなんの不思議もありません。

また、それぞれの Dog には、名前があり、体重があって、吠えるという共通の行動をとります。

9.2　クラス

クラスは、オブジェクトのひな形となる定義です。オブジェクトはクラスのインスタンスとして作成しますから、オブジェクトを作成するためにはクラスを定義する必要があります。

9.2 クラス

◆クラスの定義

クラスを定義するときには、キーワード class と名前を使います。
クラス定義の書式は次の通りです。

```
class classname:
    classcode
```

classname はクラス名、classcode のそのクラスの内容を定義するコードです。
次の例は Dog という名前のクラス定義の例です。

```
class Dog:
    pass
```

この例では、Dog クラスの内容は pass で、これは何もしないということを意味します。実際に Dog クラスのインスタンスである pochi を作成することはできますが、何も起きません。

```
>>> class Dog:
...     pass
...
>>> pochi = Dog
>>>
```

そこで、このクラスに、name（名前）と weight（体重）という変数と、bark（吠える）という動作を表す関数を作成してみましょう。
クラスに変数を定義するときには、インデントして変数名を記述します。

```
class Dog:
    name = 'Pochi'
```

ただし、Python ではクラス内に定義した変数はすべてのインスタンスで共有されるクラス変数になってしまいます。つまり、これではどの Dog も同じ 'Pochi' という name（名前）になってしまいます。それでは困るので、個々のインスタンスに異なる名前を保存できるように変数名

115

の前に self を付けます。

```
class Dog:
    self.name
```

同様に体重も定義するなら、次のようになります。

```
class Dog:
    self.name
    self.weight
```

ただし、このままでは、self が定義されていないので、エラーになってしまいます。そこで、クラスのインスタンスを初期化する**初期化関数**という特別な関数を作ります。この関数の名前は __init__ で、最初の引数に必ず self を指定します。

```
class Dog:
    def __init__(self, nam, w):
        self.name = nam
        self.weight = w
```

これで、「>>> pochi = Dog('Pochi', 32)」を実行して Dog のインスタンスを作成すると、pochi の name が 'Pochi' に、weight が 32 になります。

```
>>> class Dog:
...     def __init__(self, nam, w):
...         self.name = nam
...         self.weight = w
...
>>> pochi = Dog('Pochi', 32)
>>> pochi.name
'Pochi'
```

```
>>> pochi.weight
32
```

次に、このクラスの中に関数を作りましょう。クラスの中の関数は特にメソッドと呼ぶので、以降、メソッドといいます。

クラスにメソッドを定義するときには、def の後に名前と self という引数および：（コロン）を続けて、そのあとにメソッドの内容を記述します。

```
class classname:
    def methodname(self):          # メソッドには最初に引数としてselfを指定する
        （メソッドのコード）
```

このクラスの中に bark（吠える）という関数を作りましょう。次の例は、Dog という名前のクラスを定義して、その中に bark という名前のメソッドを定義する例です。

```
class Dog:
    def __init__(self, nam, w):
        self.name = nam
        self.weight = w
    def bark(self):
        print('Wanwan')
```

このクラスを定義して Dog クラスのインスタンスとして pochi を作成し、2 個の変数とメソッド bark() を呼び出す例を次に示します。

```
>>> class Dog:
...     def __init__(self, nam, w):
...         self.name = nam
...         self.weight = w
...     def bark(self):
...         print('Wanwan')
...
```

```
>>> pochi = Dog('Pochi', 32)
>>> pochi.name
'Pochi'
>>> pochi.weight
32
>>> pochi.bark()
Wanwan
>>>
```

9.3 継承

　MicroPython や Python のクラスは、他の既存のクラスから派生することができます。派生したクラスは、元のクラスを継承します。**継承**とは、あるクラスから派生したクラスが、もとのクラスが持つ特性や動作などを引き継ぐということです。

◆**スーパークラスとサブクラス**……………………………………………………………◆

　わかりやすい例で例えると、まず、「4 本足の動物」を Animal（動物）クラスとして定義したものとします。この「クラス」は、四本足（legs=4）で名前（name）と体重（weight）があり、歩く（walk）ことができるということだけはわかっていますが、どんな種類の動物であるかという点が未確定の、定義がややあいまいなクラスです。
　プログラムの中で実際に具体的な犬というもの（オブジェクト）を使いたいときには、「Animal クラス」から派生したクラスとして、たとえば、「Dog クラス」という、より具体的なクラスを定義します。「Dog クラス」は、「Animal クラス」のもつあらゆる特性（四本足、名前がある、体重がある）や動作（歩くなど）をすべて備えているうえに、さらに「犬」として機能する特性（尻尾が 1 本ある）や動作（ワンと吠える）を備えています。つまり、「Dog クラス」は、より一般的な「Animal クラス」のもつ特性や動作を継承しているといえます。

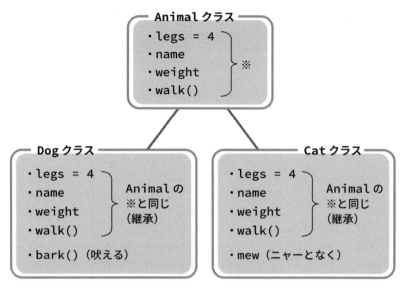

図9.2●継承（クラスの派生）

あるクラスを継承して別のクラスを宣言するときに、継承元のクラスとして使われるクラスを**スーパークラス**といい、継承して作成した新しいクラスを**サブクラス**といいます。

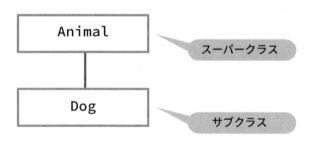

図9.3●スーパークラスとサブクラス

　スーパークラスは、基本クラス、ベースクラス、親クラスあるいは上位クラス、派生もとのクラスなどと呼ばれることがあります。
　サブクラスは、派生したクラス、子クラスあるいは下位クラス、継承したクラスなどと呼ばれることがあります。

◆スーパークラスの定義

ここで、DogクラスとCatクラスを定義して使うことを考えてみましょう。

個々のクラスをまったく別々に定義することもできますが、最初にAnimalクラスを定義して、それを継承するサブクラスDogクラスとCatクラスを定義すると、Animalクラスに共通することはAnimalクラスに記述できるので、コードを整理できます。

そこで、まず、スーパークラスであるAnimalクラスを定義してみましょう。

```
class Animal:
    legs = 4
    def __init__(self, nam, w):
        self.name = nam
        self.weight = w
    def walk(self):
        print('walk...')
```

スーパークラスを定義するときに、書式上、特別なことは何もありません（これまでに説明したクラスの定義の方法と同じです）。

◆サブクラスの定義

次に、サブクラスであるDogクラスを定義してみましょう。次のように定義します。

```
class Dog(Animal):
    def __init__(self, nam, w):
        super(Dog,self).__init__( nam, w)
    def bark(self):
        print('Wanwan')
```

ここで、superというキーワードを使っていることに注目してください。superは文字通りスーパークラスを意味し、この場合、Dogクラスの初期化関数 __init__() でスーパークラスの __init__(self, nam, w) を呼び出しています。そして、さらにbark()（吠える）というメソッドを追加しています。

このクラス定義を使ってインスタンスpochiを作って使ってみます。

```
>>> class Animal:
...     legs = 4
...     def __init__(self, nam, w):
...         self.name = nam
...         self.weight = w
...     def walk(self):
...         print('walk...')
...
>>> class Dog(Animal):
...     def __init__(self, nam, w):
...         super(Dog,self).__init__( nam, w)
...     def bark(self):
...         print('Wanwan')
...
>>> pochi = Dog('Pochi', 32)
>>> pochi.walk()
walk...
>>> pochi.name
'Pochi'
>>> pochi.bark()
Wanwan
>>>
>>> pochi.legs
4
```

　CatクラスはDogクラスと同じように定義できます。ただし、泣き声だけは「Nyao,Nyao」に変えます。

```
class Cat(Animal):
    def __init__(self, nam, w):
        super(Cat,self).__init__( nam, w)
    def mew(self):
        print('Nyao,Nyao')
```

Animal、Dog、Cat クラスをまとめると、次のようになります。

```
class Animal:
    legs = 4
    def __init__(self, nam, w):
        self.name = nam
        self.weight = w
    def walk(self):
        print('walk...')

class Dog(Animal):
    def __init__(self, nam, w):
        super(Dog,self).__init__( nam, w)
    def bark(self):
        print('Wanwan')

class Cat(Animal):
    def __init__(self, nam, w):
        super(Cat,self).__init__( nam, w)
    def mew(self):
        print('Nyao,Nyao')
```

9.4 モジュール

　たびたび使うコードで、特にクラス定義のような定義が完了したあとで変更する可能性が少ないものは、**モジュール**として保存しておくと便利です。なお、ファイルアクセスはデバイスに依存するので、環境によってはこの節のコードは正常に実行できません。この節のプログラムは、Thonny で実行する Pico/Pico W と Linux の micropython の環境で実行できることを確認しています。

9.4 モジュール

◆ animal モジュール

先ほど作ったAnimalクラスをモジュールにしてみましょう。モジュールにするには、（モジュール名）.py という名前でファイルとして保存するだけです。

リスト9.1●animal.py

```
# animal.py
class Animal:
    legs = 4
    def __init__(self, nam, w):
        self.name = nam
        self.weight = w
    def walk(self):
        print('walk...')

class Dog(Animal):
    def __init__(self, nam, w):
        super(Dog,self).__init__( nam, w)
    def bark(self):
        print('Wanwan')

class Cat(Animal):
    def __init__(self, nam, w):
        super(Cat,self).__init__( nam, w)
    def mew(self):
        print('Nyao,Nyao')
```

モジュールを保存する場所は、REPLやPythonインタープリタが検索できるところにする必要があります。たとえば、animal.py をインポートできるようにするためには、インポートできるところに animal.py を保存しておかなければなりません。たとえば、Pico/Pico W ならば Pico/Pico W のメモリに保存します。

◆**モジュールのインポート**……………………………………………………◆

　モジュールを使う時には、そのモジュールのファイル名から拡張子 .py を削除した名前で**インポート**（import）します。

　そして、実際にモジュールの中のクラスを使うときには、クラス名をモジュール名で修飾して（Dog クラスを参照するときには「animal.Dog」のようにして）使います。

```
>>> import animal
>>> kenta=animal.Dog('Kenta',23)
>>> kenta.name
'Kenta'
>>> kenta.legs
4
>>> kenta.bark()
Wanwan
>>>
```

練習問題

練習問題 9.1
　幅と高さで形を表現する Rect（四角形）クラスを定義してください。

練習問題 9.2
　幅と高さで形を表現する Rect（四角形）クラスに、そのオブジェクトの形状を出力する関数 print() を追加してください。

練習問題 9.3
　幅と高さで形を表現する Rect（四角形）クラスから派生した、Square クラスを定義してください。

10 ファイル

MicroPython のプログラムでファイルに読み書きするときには、関数 open() を使ってファイルを開き、ファイルにデータを保存したり、ファイルからデータを読み込みます。ここではファイルへのアクセスの方法を学びます。

ファイルアクセスはデバイスに依存するので、環境によってはこの章のコードは正常に実行できません。この章のプログラムは、Thonny で実行する Pico/Pico W と Linux の micropython の環境で実行できることを確認しています。

第 10 章　ファイル

10.1　ファイルへの書き込み

ここでは最初に単純にファイルに文字列を書き込む手順を示します。

◆ファイルへのテキストの出力・・◆

最初に、ファイル名とファイルのモード（書き込みのときには'w'）を引数として、関数open()を呼び出します。

```
f = open('text.txt', 'w')
```

'text.txt'がファイル名で、'w'は書き込み（write）モードであることを表します。
このとき、返されるファイルを識別する値を変数（この例ではf）に保存しておきます。
次に、ファイルのメソッドwrite()を使ってファイルに文字列を書き込みます。

```
f.write('Hello, MicroPython!')
```

最後にメソッドclose()を使ってファイルを閉じます。

```
f.close()
```

スクリプトファイルにすると、次のようになります。

リスト10.1●write.py

```
# write.py
f = open('text.txt', 'w')
f.write('Hello, MicroPython!')
f.close()
```

MicroPythonのREPLで実行するなら、次のようにします。

```
>>> f = open('text.txt', 'w')
>>> f.write('Hello, MicroPython!')
14
>>> f.close()
```

これで、カレントディレクトリに、内容が「Hello, MicroPython!」であるファイル text.txt ができます（14 はファイルに書き込まれた文字数です）。

2 行以上のテキストを出力したかったり、行の最後に改行の制御文字を入れたいときには、\n を挿入します。

```
>>> f = open('text1.txt', 'w')
>>> f.write('Hello, MicroPython!\nHappy dogs.\n')
32
>>> f.close()
```

これで、text1.txt の内容は次のようになります。

```
Hello, MicroPython![改行]
Happy dogs.[改行]
```

◆ with 文 ··

ファイルアクセスのような操作を行うときには、事前の処理（open()）と終了時の処理（close()）を実行し、その間に本来必要な処理を行う必要があります。

```
f = open('text.txt', 'w')

f.write(...)

f.close()
```

MicroPython ではこのような場合に with 文を使うと、まず with の後に記述した事前の処理が

実行されて、そのあとでブロックの中に記述した処理が行われ、最後に終了時の処理（close()に相当する処理）が自動的に行われます。

```
with open('text.txt', 'w') as f:
    f.write(...)
```

この記述方法はclose()を記述しなくても済み、簡素なので、良く使われます。

◆**ファイルへの追加**……………………………………………………………◆

既存のファイルの最後に追加して書き込みたいときには、既存のファイル名とファイルのモードとして 'a'（appendの略）を引数として、関数open()を呼び出します。

```
f = open('text.txt', 'a')
```

この場合も、返されるファイルを識別する値を変数（この例ではf）に保存しておきます。
次に、ファイルのメソッドwrite()を使って通常の出力と同様にファイルに文字列を書き込みます。

```
f.write('Happy dogs.')
```

最後にメソッドclose()を使ってファイルを閉じます。

```
f.close()
```

スクリプトファイルにすると、次のようになります。

リスト10.2●append.py

```
# append.py
f = open('text.txt', 'a')
f.write('Happy dogs.')
f.close()
```

MicroPython の REPL で実行するなら、次のようにします。

```
>>> f = open('text.txt', 'a')
>>> f.write('Happy dogs.')
11
>>> f.close()
```

これで、内容が「Hello, MicroPython!」であるファイル text.txt にテキストが追加されて、ファイルの内容が「Hello, MicroPython! Happy dogs.」になります。

前の行の最後で改行して、2行にして保存したければ、改行したい位置に改行の制御文字「\n」を入れます。たとえば、次のようにすると、「Hello, MicroPython!」の直後で改行されて、次の行に「Happy dogs.」が出力されます。

```
>>> f = open('text.txt', 'a')
>>> f.write('\nHappy dogs.')
12
>>> f.close()
```

スクリプトファイルとしては次のようになります。

リスト10.3●append.py

```
f = open('text.txt', 'a')
f.write('\nHappy dogs.')     # \nは改行を表す
f.close()
```

ファイルの内容が「Hello, MicroPython!」だけであるファイル text.txt に対してこれを実行すると、ファイルの内容は次のようになります。

```
Hello, MicroPython!
Happy dogs.
```

10.2 ファイルからの読み込み

ファイルからの読み込みのときにも open() を使ってファイルを開きます。

◆単純なファイルから読み込み

最初に、ファイル名とファイルのモードとして 'r' を引数として、関数 open() を呼び出します（'r' は read モードであることを表します）。

```
f = open('text.txt', 'r')
```

このとき、返されるファイルを識別する値を変数（この例では f）に保存しておきます。

次に、ファイルのメソッド readline() を使ってファイルから文字列を読み込みます。

```
s = f.readline()
```

読み込みが終わったらメソッド close() を使ってファイルを閉じます。

```
f.close()
```

最後に読み込んだ内容を出力してみます。

```
print(s)
```

 行の最後に改行の制御コードが含まれている場合、このとき読み込んだデータの最後には \n が付いています。

スクリプトファイルにすると、次のようになります。

リスト10.4●readln.py

```
f = open('text.txt', 'r')
s = f.readline()
f.close()
print(s)
```

MicroPythonのREPLで実行するなら、次のようにします。

```
>>> f = open('text.txt', 'r')
>>> s = f.readline()
>>> f.close()
>>> print(s)
Hello, MicroPython!
Happy dogs.
```

これで、ファイル text.txt から読み込んだ内容を知ることができます。

◆ for 文を使った読み込み

readline() は1行のテキストをプログラムに読み込みます。2行以上のテキストを順に読み込みたいときには、for 文を使って繰り返し読み込みます。このとき、行ごとに readline() を呼び出す必要はありません。

リスト10.5●forread.py

```
f = open ('text.txt', 'r')
for line in f:
    print(line)

f.close()
```

MicroPython の REPL で実行すると次のようになります。

```
>>> f.close()
>>>
>>> f = open ('text.txt', 'r')
>>> for line in f:
...     print(line)
...
Hello, MicroPython!

Happy dogs.
>>> f.close()
```

この場合、「Hello, MicroPython!」の直後に改行の制御コード（\n）が含まれているので、print(line) で出力したときに改行し、さらに print() が実行されたときに改行されるので、出力の「Hello, MicroPython!」と「Happy dogs.」の間に空行ができることに注目してください。

◆複数行の読み込み

テキスト行ごとに読み書きするのではなく、テキストファイル全体を読み書きすることもできます。

ファイルオブジェクトのメソッド readlines() を使うと、テキストファイル全体がリストに読み込まれます。

リスト10.6●rlines.py

```python
# rlines.py
f = open ('text.txt', 'r')
lines = f.readlines()
f.close()

for line in lines:
    print(line)
```

MicroPython の REPL で実行すると、次のようになります。

```
>>> f = open ('text.txt', 'r')
>>> lines = f.readlines()
>>> f.close()
>>>
>>> for line in lines:
...     print(line)
...
Hello, MicroPython!

Happy dogs.
```

この方法の良い点は、ファイルの読み込みという作業と、読み込んだ内容を出力するという作業を分けることができる点と、ファイルを早期に閉じることができるという点です。

練習問題

練習問題 10.1
名前をファイルに書き込んでから読み込むプログラムを作成してください。

練習問題 10.2
テキストファイルにあるテキスト行数を調べて出力するプログラムを作成してください。

11 例外処理と並列処理

　この章では、例外処理と並列処理について説明します。MicroPythonの並列処理は環境に依存します。

11.1 例外

実行時に発生する、実行を妨げるような事象を**例外**といいます。例外が発生して放置するとプログラムは停止しますが、例外をうまく処理することによってプログラムの実行を継続することができます。

◆ **例外** ・・・◆

実行時に異常事態が発生して通常の実行が中断されたときに、例外と呼ばれるオブジェクトが生成されます。たとえば、数値をゼロで割ろうとしたり、値のオーバーフローやアンダーフローが発生したとき、あるいは、リストや辞書を参照したときに存在しない値を参照しようとしたり、ファイルを読み込んでいる途中でファイルにアクセスできなくなったりしたときなどに例外が発生します。例外が発生すると、例外オブジェクトが生成されます。

プログラムは、必要に応じて独自の例外を定義して生成することもできます。

生成された例外は「try … except ～ finally」文で扱います。

◆ **try...except ～ finally 文** ・・◆

「try … except ～ finally」文では、例外が発生する可能性があるコードを try のあとに書き、例外処理コードは except のあとに書きます。

```
try :
    （例外が発生する可能性があるコード）
except ［例外の種類］:
    （例外処理コード）
[ finally:
    （例外が発生しても発生しなくても実行するコード）]
```

finally 文は、例外が発生しても発生しなくても必ず実行したいことがあるときに使いますが、省略可能です。finally を使うのは、たとえば、ファイルを開いて何らかの操作をするときには、すべての操作や処理が順調に終了しても、例外が発生した場合でも、いずれにしてファイルを閉じる必要があります。そのような場合に、try のあとにファイルアクセスのコードを書き、

11.1 例外

finally のあとにファイルを閉じるためのコードを書きます。その例はあとで見ます。

次の例は、ゼロで割るという例外に対処するための基本的な例です。

```
x= z = 0
y= 3
try :
    x = y / z
except :
    print(y , '/' ,z, ':Exception!')
```

これを実行すると、「3 / 0 :Exception!」と出力されます。

このとき、すべての例外を処理するのではなく、特定の例外を処理したいときには、except を使って処理する例外の種類を指定します。

```
try
    (例外が発生する可能性があるコード)
except (発生した例外の種類):
    (例外処理コード)
```

次の例は、割り算を行うプログラムの例です。割り算の結果、例外 ZeroDivisionError が発生しますが、この例外だけを処理します。

```
x= z = 0
y= 3
try :
    x = y / z
except ZeroDivisionError:
    print( 'Cannot calculate dividing by zero')
```

第 11 章　例外処理と並列処理

◆ else

実行の制御が try 節の最後まで到達したときのデフォルトの処理を記述するために、try … except … else の構造を使うこともできます。

```
try
   （例外が発生する可能性があるコード）
except [(発生した例外の種類)]:
   （例外処理コード）;
else:
   （デフォルトの処理を実行する）
```

次の例は、try 節で例外が発生しなかった場合に、割り算の結果を出力する例です。

```
x = z = 2
y= 12
try :
   x = y / z
except ZeroDivisionError:
   print( 'Cannot calculate dividing by zero')
else:
   print( y , '/' , z, '=', x)
```

11.2　例外処理の例

ここでは、単純な例外処理の例を示します。

◆ 数値への変換での例外処理

文字列として入力されたり渡された数値を、float() や int() を使って数に変換することがよ

11.2 例外処理の例

くあります。このとき、float() や int() の引数（かっこの中に指定する値）が数値に変換できない文字列である場合は、例外が発生します。

次の例は、「A1100」のような 10 進数値に変換できない文字列を int() を使って変換しようとした場合に、メッセージ「Cannot convert int」を出力する例です。

```
s = 'A1100'

try:
    v = int(s)              # 数値に変換
except ValueError:
    print( 'Cannot convert int')
else:
    print(v)
```

input() を使ったキーボードからの入力で、例外処理を使って、正しく数値に変換できるまで入力を繰り返すコードは次のようになります。

リスト11.1●inputexcept.py

```
# inputexcept.py
while True:
    s = input('Number=')

    try:
        v = float(s)            # 数値に変換
    except ValueError:
        print( 'Cannot convert, retry!')
    else:
        break

print(v)
```

この例では input() を使っているので、環境によっては意図した通りに実行できません。

◆ファイル入出力の例外処理

　ファイルの読み書きのような操作のときには、さまざまな事態が予想されます。たとえば、ディスクがいっぱいであるとか、アクセス権限がないとか、メモリなどのメディアが挿入されていないなどのために、致命的なエラーが発生することがあります。そのような場合は例外処理を行います。

　ファイルの読み書きのときの典型的な例外処理の例を次に示します。

```
try :
    f = open('text.txt', 'w')
    f.write('Hello, MicroPython!\nHappy Dogs.\n')
except :
    print( 'ファイルに書き込めません')
finally:
    f.close()


try :
    f = open('text.txt', 'r')
    lines = f.readlines()
except :
    print( 'ファイルから読み込めません')
else:
    for l in lines:
        print(l)
finally:
    f.close()
```

　f.close() を finally 節の後に記述している点に注目してください。これで、たとえファイルのアクセスに失敗してもファイルは確実に閉じられて、次の操作を続行できるようになります。

◆辞書の検索での例外の利用···◆

次の例は第 5 章でみた市外局番と市の名前の辞書の例です。ただし、市外局番の先頭の 0 は省略しています。

```
>>> areacode = { 11:'Sapporo', 3:'Tokyo', 45:'Yokohama', 6:'Osaka' }
>>> areacode
{3: 'Tokyo', 11: 'Sapporo', 45: 'Yokohama', 6: 'Osaka'}
>>> areacode[3]
'Tokyo'
>>> areacode[6]
'Osaka'
>>> areacode[88]
Traceback (most recent call last):
  File "<stdin>", line 1, in <module>
KeyError: 88
```

この場合、市外局番 88 を検索した時点でプログラムが停止してしまいます。これをプログラムが停止することなく、検索している値が見つからないことを報告してプログラムを継続できるようにしたいときに、例外処理を使うことができます。

```
areacode = { 11:'Sapporo', 3:'Tokyo', 45:'Yokohama', 6:'Osaka' }
try :
    city = areacode[88]
except KeyError:
    print("88 isn't registered.")
```

この例では、キー 88 である値は見つからないので、「88 isn't registered.」と出力されます。

11.3 並列処理

　ここでは、単純なマルチスレッドのプログラム例を示します。マルチスレッドのプログラムが実行可能かどうかは環境に依存します。ここで示すプログラムは Linux 上の micropython で実行を確認しています。

◆マルチスレッド……………………………………………………………………………………◆

　CPU の時間をスライスして、細切れにした時間を使って複数のスレッドを実行することができます。結果として、スレッドが並列に実行されているかのように見えます。

　最初に、ひとつのスレッドで実行したいことを関数に記述します。次の例は、「*」を 10 回出力する関数 Thread1() の例です。

```
def Thread1():
  for i in range(10):
    print("*", end='')
    time.sleep(0.1)
```

　他のスレッドに実行の機会を与えるために、time.sleep() でスリープしている点に注意してください。

　関数を定義したら、スレッドを開始（スタート）します。

```
_thread.start_new_thread(Thread1, ())
```

　複数のスレッドを並列実行するプログラム全体は次のようになります。

リスト11.2●mthread.py

```python
# mthread.py
import _thread
import time

def Thread1():
  for i in range(10):
    print("*", end='')
    time.sleep(0.1)

def Thread2():
  for j in range(10):
    print("+", end='')
    time.sleep(0.1)

print('Start')
_thread.start_new_thread(Thread1, ())
_thread.start_new_thread(Thread2, ())

time.sleep(3)
print('End')
```

このプログラムの実行例を示します（実行結果は環境によって異なります）。

```
$ micropython sample.py
Start
+*+*+*+*+*+*+*+*+*+*End
$
```

この章の練習問題はありません。

12

デバイスの制御

この章では、マイコンを制御する単純なプログラムの例を示します。この章のプログラムは環境に依存します。

第 12 章　デバイスの制御

12.1　LED の点滅

ここではマイコンの LED を点滅させてみます。

◆ pyboard の例 ··

pyboard の LED を点灯するときには、最初に pyb をインポート（import）してから LED を点灯する次のコードを使うことができます。

```
import pyb
pyb.LED(1).on()
```

これは pyboard 上の最初の LED（LED(1)）を点灯します。
消灯するには次のようにします。

```
pyb.LED(1).off()
```

LED を 1 秒間だけ点灯して、そのあとで消灯したいときには、time モジュールを使って次のようにします。

```
import pyb
import time

pyb.LED(1).on()
time.sleep(1)
pyb.LED(1).off()
```

time.sleep(n) は n 秒だけ待ちます。
LED を 10 回点滅させたいときには、次のプログラムを使います。

12.1　LEDの点滅

リスト12.1●pybledonoff.py

```
# pybledonoff.py
import pyb
import time

for i in range(10):
  pyb.LED(1).on()
  time.sleep(1)
  pyb.LED(1).off()
  time.sleep(1)
```

　これはiが0から9まで変わりながら「LED1を点灯して1秒待ち消灯して1秒待つ」ということを10回繰り返すコードです。
　このスクリプトをWeb上のエミュレーターの右上のコードペインに入力してから、「RUN SCRIPT」をクリックすると、赤いLEDが約1秒間隔で10回点滅します。
　pyboardには、赤（LED(1)）、緑（LED(2)）、黄色（LED(3)）、黒（LED(4)）の4個のLEDがあります。この4個のLEDを順に繰り返し点滅させたいときには次のようにします。

リスト12.2●pybledonoff4.py

```
# pybledonoff4.py
import pyb
import time

for i in range(10):
  for j in range(1,5):
    pyb.LED(j).on()
    time.sleep(1)
    pyb.LED(j).off()
    time.sleep(1)
```

　toggle()を使うと、LEDの点滅状態を切り替えることができます。

```
pyb.LED(1).toggle()
```

LEDを素早く点滅させたいときには、time.sleep()より短い時間間隔を指定できるtime.sleep_ms()を使うことができます。

```
time.sleep_ms(100)    # ミリ秒単位でスリープする
```

4個のLEDを素早く点滅させるプログラムは、例えば次のように作ることができます。

リスト12.3●rapidled.py

```
# rapidled.py
import time
import pyb

for i in range(1000):
    pyb.LED((i%4) + 1).toggle()
    time.sleep_ms(100)
```

外部LEDを点滅させるときには次のようにします。

まず、外部LEDをpyboardのY12ピン（pin）に接続するとします。エミュレーターの場合、左側のLEDのチェックボックスをチェックすると、LEDと抵抗器が接続された図が表示されます。

図12.1●外部LEDをpyboardのY12ピンに接続した状態

プログラムとしては、machineをインポートしてから、Y12のピンの参照を作成します。

```
import machine

y12 = machine.Pin('Y12')
```

そして y12() の引数を 1 にすると LED が点灯し、0 にすると消灯します。

```
y12(1)            # 点灯
time.sleep(1)
y12(0)            # 消灯
```

外部 LED を 1 秒間点灯するプログラムは次のようになります。

リスト12.4●ledy12.py

```
# ledy12.py
import machine
import time

y12 = machine.Pin('Y12')

y12(1)
time.sleep(1)
y12(0)
```

外部 LED を 1 秒間隔で点滅するプログラムは次のようになります。

第12章　デバイスの制御

リスト12.5●ledy12onoff.py

```
# ledy12onoff.py
import machine
import time

y12 = machine.Pin('Y12')

for i in range(10):
  y12(1)
  time.sleep(1)
  y12(0)
  time.sleep(1)
```

◆ Pico/Pico W の例

　Raspberry Pi Pico や WiFi 機能を備えた Raspberry Pi Pico W（Pico/Pico W）にも LED が搭載されています。

　Pico/Pico W にある LED を扱うためには、machine という名前のモジュールと呼ぶものの中にある Pin を最初にインポートする必要があります。

```
from machine import Pin
```

　次に、Pico/Pico W の LED を点灯するために次の2行のコードを実行します。

```
led = Pin("LED", Pin.OUT)
led.on()
```

　これで Pico/Pico W の LED が点灯します。

　消灯するには次のコードを実行します。

```
led.off()
```

12.1 LEDの点滅

LEDを点滅させる場合には、led.on()で点灯してから、time.sleep(1)で1秒待ち、led.off()で消灯します。

```
led.on()
time.sleep(1)
led.off()
```

次のスクリプトは、iが0から9まで変わりながらLEDの点灯と消灯を10回繰り返すコードです。

リスト12.6●ledonoff.py

```
# ledonoff.py
from machine import Pin
import time

led = Pin("LED", Pin.OUT)

for i in range(10):
    led.on()
    time.sleep(1)
    led.off()
    time.sleep(1)
```

このスクリプトをThonnyの上部のコードペインに入力してから、スクリプトの実行ボタンをクリックすると、Pico/Pico WのLEDが点滅します。

また、Thonnyの［ファイル］→［保存］で、main.pyという名前を付けてPico/Pico Wに保存する（書き込む）と、PCと接続しなくても、Pico/Pico Wの電源が入るたびに（例えばUSBケーブルで電源と接続するたびに）スクリプトが実行されてLEDが10回点滅するようになります。

次の例もPico/Pico WのためのプログラムでLEDの点滅がだんだん早くなって、最後には消えるプログラムの例です。

リスト12.7●ledfadeout.py

```
# ledfadeout.py
from machine import Pin
import time

led = Pin("LED", Pin.OUT)

for i in range(10, 0, -1):
    led.on()
    time.sleep(0.1 * i)
    led.off()
    time.sleep(0.1 * i)
```

次の例はPico/Pico Wの4個のLEDが順に点滅するプログラムの例です。

リスト12.8●ledinorder.py

```
# ledinorder.py
import time
import pyb

for i in range(100):
    pyb.LED((i%4) + 1).on()
    time.sleep_ms(100)
    pyb.LED((i%4) + 1).off()
    time.sleep_ms(100)
```

式「(i%4) + 1」は、iを4で割った余り（0～3）に1を加えて1～4の値を作ってLED(1)、LED(2)、LED(3)、LED(4)、LED(1)、LED(2)、……とLEDを順に点灯します。

12.2　その他のデバイスの制御

LED 以外のデバイスも接続して制御することができます。ここでは pyboard にサーボモーターや AD コンバーターを接続して制御する例を示します。

◆**サーボモーター**……………………………………………………………………………◆

サーボモーターを使うときには次のようにします。

まず、サーボモーターを pyboard のサーボ接続端子に接続します。エミュレーターの場合、左側の SERVO のチェックボックスをチェックすると、サーボモーターが接続された図が表示されます。

図12.2●サーボモーターを接続した状態

プログラムでは、pyb をインポートしてから、サーボモーターの参照を作成します。

```
import pyb

servo = pyb.Servo(1)
```

そして、angle() の引数に角度 r を指定すると、アームがその角度まで回転します。

```
servo.angle(r)
```

角度 r に加えて、そこまで回転するためにかかる時間 ms（ミリ秒単位）を指定することもで

きます。

```
servo.angle(r, ms)
```

servo.angle() はすぐにリターンするので、回転が終わるまで待つには、たとえば time.sleep() を使います。次の例はアームを 90 度まで 5 秒かけて回転しするために 7 秒待つコードです。結果として次の動作まで 2 秒間は回転した位置に止まります。

```
servo.angle(90, 5000)
time.sleep(7)
```

次の例は、最初にアームを角度 0 にして 2 秒待ち、5 秒かけてアームを 90 度まで回転させて 2 秒待ち、5 秒かけてアームを -90 度まで回転させて 2 秒待ち、最後にアームを 0 度の位置に戻すプログラムの例です。

リスト12.9●servosmpl.py

```
# servosmpl.py
import pyb
import time

servo = pyb.Servo(1)

servo.angle(0)
time.sleep(2)

servo.angle(90, 5000)
time.sleep(7)

servo.angle(-90, 5000)
time.sleep(7)

servo.angle(0, 5000)
```

◆ AD コンバーター

ADコンバーター（アナログ・デジタルコンバーター、ADC）を使うときには次のようにします。

まず、ADコンバーターをpyboardのサーボ接続端子に接続します。エミュレーターの場合、左側のADCのチェックボックスをチェックすると、ADコンバーターでアナログ値をデジタルに変換するスライダーが接続された図が表示されます。

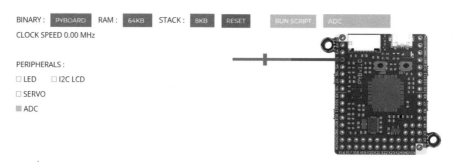

図12.3●ADコンバーターを接続した状態

プログラムでは、machineとpybをインポートしてから、Y4ピンに接続したADコンバーターの参照を作成します。

```
import machine
import pyb

y4 = machine.Pin('Y4')
adc = pyb.ADC(y4)
```

以降、adc.read()を呼び出すとADCの現在の値を得ることができます。

```
v = adc.read()
```

取得される値は0～255なので、たとえば取得した値に応じて点灯するLEDの番号を決定することができます。

```
if v < 64:
    led = 1
elif v < 128:
    led = 2
elif v < 192:
    led = 3
else:
    led = 4

pyb.LED(led).on()
```

次の例は、ADCのスライダーの位置によって点灯するLEDの色を変えるプログラムの例です。

リスト12.10●ledadc.py

```
# ledadc.py
import machine
import pyb
import time

y4 = machine.Pin('Y4')
adc = pyb.ADC(y4)

for i in range(50):
    v = adc.read()
    if v < 64:
        led = 1
    elif v < 128:
        led = 2
    elif v < 192:
        led = 3
    else:
        led = 4
```

```
pyb.LED(led).on()
time.sleep_ms(500)
pyb.LED(led).off()
time.sleep_ms(100)
```

Web エミュレーターのページの [CHOOSE DEMO] ではさなざまな種類の単純なサンプルコードを選んで表示し、実行することができます。

◆ **Pico/Pico W の外部装置**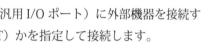

Pico/Pico W の GPIO（General Purpose Input/Output、汎用 I/O ポート）に外部機器を接続するときには、ピン番号と、入力（Pin.IN）か出力（Pin.OUT）かを指定して接続します。

ここでは、次のような回路を考えます。

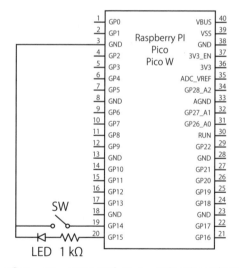

図12.4●Pico/Pico WにLEDとスイッチをつないだ回路の例

デバイスのピン番号 20 の GPIO の 15 のピン（GP15）に、1k オームの抵抗と LED を接続して接地します。

第12章　デバイスの制御

　デバイスのピン番号 19 の GPIO の 14 のピン（GP14）にはスイッチを接続し、スイッチも接地します。
　接地（GND）はどれを使っても構いませんが、この例では 3 番ピンに接続します。
　電源は USB ケーブルで供給します。
　ブレッドボード上に実際に組み立てた回路の例を次の図に示します。

図12.5●Pico/Pico WにLEDとスイッチをつないだ実際の回路の例

　次のようにすると、外部 LED を GPIO の PIN15 に接続することができます。

```
from machine import Pin

led1 = Pin(15, Pin.OUT)
```

　タクトスイッチ（ボタンを押すと端子がつながるスイッチ）を 14 番のピンに接続することにしましょう。タクトスイッチの場合は、さらに、PIN() の 3 番目の引数にプルアップ（Pin.PULL_UP）かプルダウン（Pin.PULL_UP）を指定します。

```
sw1 = Pin(14, Pin.IN, Pin.PULL_UP)
```

　プルアップを指定した場合、GPIO の端子に High の電圧（2.0V 以上）がかかっていると、value() で得られる値は 1 になり、Low の電圧（0.8V 以下）がかかっている場合には、value() で得られる値は 0 になります。

```
v = sw1.value()
```

従って、次のようにすると、スイッチが押されている間は LED が点灯し、スイッチが押されていなければ LED が消灯します。

```
v = sw1.value()
if v == 0:
    led1.on()
else:
    led1.off()
```

スイッチが押されている間だけ外部 LED を点灯するプログラムは次のようになります。

リスト12.11●swledonoff.py

```
# swledonoff.py
from machine import Pin
import time

led1 = Pin(15, Pin.OUT)
sw1 = Pin(14, Pin.IN, Pin.PULL_UP)

for i in range(100):
    v = sw1.value()
    print(v, end='')
    if v == 0:
        led1.on()
    else:
        led1.off()
    time.sleep(0.5)

print('End')
```

デバイスを制御するためのデバイスの接続方法やプログラムの詳細は、ボードの種類と具体的なデバイスごとに異なります。さまざまなデバイスを制御する方法について具体的なことは、デバイスのドキュメントやいわゆる電子工作の資料などを参照してください。

この章の練習問題はありません。

付録A 用語と略語
付録B 実行環境
付録C トラブルシューティング
付録D 練習問題解答例
付録E 参考リソース

付録 A　用語と略語

ここでは MicroPython を使うときに使われることがある主な用語を概説します。

◆ boot.py

ボードのメモリーに保存して、ボードのブート時に実行するボードの設定などを記述した MicroPython のプログラムファイル。

◆ CPython

CPython は Python プログラミング言語のリファレンス実装です。MicroPython の実装は CPython とは異なりますが、可能な限り互換性を維持することを目指しています。MicroPython のプログラミングで CPython のドキュメント（Python のドキュメントの一部である場合もあります）が役立つことがあります。

◆ GPIO

GPIO（General Purpose Input/Output）は、「汎用 I/O ポート」とも呼ばれ、デジタル信号の入力にも出力にも使えるもの（物理的にはピン）を指します。それを入力ピンとして扱うか、出力ピンとして扱うかということを含めて、ピンの動作は実行時にユーザーが制御できます。

◆ I^{2}C

I^{2}C（Inter-Integrated Circuit）は、シリアル通信インターフェース規格にひとつ。クロックに同期させてデータの通信を行う同期式シリアル通信方式で、電源の 2 本を除くと、データ（SDA）とクロック（SCL）の 2 本だけで動作するのが特徴です。通信速度は速くなく、LCD やセンサーとのデータ通信に良く使われます。

◆ Iterable

Iterable（イテラブル）は、for で繰り返し可能なオブジェクトです。たとえば range オブジェクトやリスト、文字列などが Iterable です。

◆ LED

LED（light-emitting diode）は発光ダイオードと呼ばれるデバイスです。pyboard や Raspberry Pi Pico/Pico W 本体にも搭載されていますし、外部に別の LED を接続することができ、これらを MicroPython のプログラムで点灯したり点滅させることができます。

◆ main.py

ボードのメモリーに保存して、ボードを起動したときに実行する MicroPython のプログラムファイルです。

◆ REPL

Read Evaluate Print Loop の略で、繰り返し表示される対話型 MicroPython プロンプトの名前です。このプロンプトに対してコードを入力することでプログラムを実行できます。

◆ インタープリタ

インタープリタ（interpreter）は、プログラムの実行時にソースコードを実行できるコードに 1 行ずつ変換して実行するプログラムのことで、MicroPython のプログラムはインタープリタで実行されます。

◆ ファームウェア

ボードのメモリーに保存して、MicroPython のプログラムを実行できるようにするための低レベルのソフトウェアです。

◆ ブレッドボード

部品の端子や線をボード上の穴に差し込むことで回路を組み立てられるようになっている基板です。主に実験のために一時的に使われます。

◆ ボード

MicroPython のプログラムを実行できる、マイコン、マイクロコントローラ、サポートコンポーネントを含むプリント回路基板の総称です。ウェブ上で利用できるエミュレーターを含める場合もあります。MicroPython のファームウェアは、通常、ボードごとに異なる機能を備えたものが提供されます。

付録 B　実行環境

ここでは主な実行環境の概要を示します。個々の環境についの詳しい最新情報は、それぞれのドキュメントなどを参照してください。

B.1　pyboard

pyboard は MicroPython の公式コンパクトな電子回路（マイコン）です。製品としての pyboard を入手して pyboard 上でプログラムを実行することもできますが、micropython.org から提供されているエミュレーター **unicorn** を利用するのが最も容易な方法です。

unicorn を使うには、Web ブラウザで、次のアドレスを開きます。

　　https://micropython.org/unicorn/

すると、ブラウザにエミュレーターが表示されます。

付録 B　実行環境

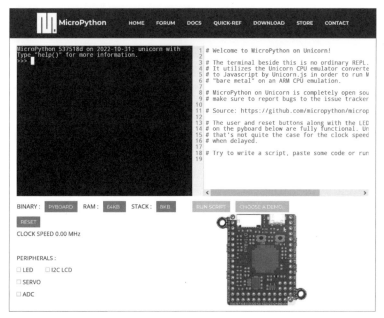

図B.1 ●unicorn

B.2　Raspberry Pi Pico と Thonny

　Raspberry Pi Pico や WiFi 機能を備えた Raspberry Pi Pico W（以下 Pico/Pico W）は、MicroPython を実行する代表的な環境です。

　Pico/Pico W を使って MicroPython を実行するには、最初に Pico/Pico W に MicroPython をサポートするファームウェアをインストールする必要があります。

　ファームウェアをインストールするには、まず、Pico/Pico W にある [BOOTSEL] ボタンを押しながら USB ケーブルで PC に接続します。すると、Pico/Pico W が「RPI-RP2」というドライブとして認識されるので、その中の INDEX（`INDEX.HTM`）をクリックしてウェブサイトを表示します。

　サイトの中の「MicroPython」という部分を表示すると、MicroPython UF2 ファイルをダウンロードする次のようなリンクが表示されます。

165

付録

```
Download the correct MicroPython UF2 file for your board:
・Raspberry Pi Pico
・Raspberry Pi Pico W with Wi-Fi and Bluetooth LE support
```

　この中から適切なファイル（Pico または Pico W）をダウンロードします。ファイル名は次のような名前です（日付やバージョン番号は違っていても構いません）

- RPI-PICO-20240602-v1.23.0.3uf2
- RPI-PICO-W-20240602-v1.23.0.3uf2

　ダウンロードしたファイルを Pico/Pico W の「RPI-RP2」のルートにドラッグ＆ドロップすると、ファームウェアがインストールされて、Pico/Pico W が再起動します。
　次に、MicroPython/Python 開発環境である **Thonny** を次のサイトからダウンロードしてインストールします。

　　　https://thonny.org

　デフォルトで Thonny を起動すると、Thonny のシェルには Python のシェルが表示されます。

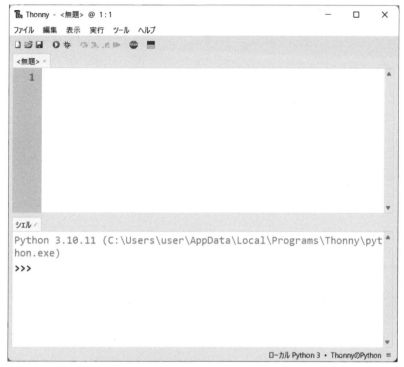

図B.2●実行環境がPythonであるThonny

Thonnyの右下のリストから、MicroPythonを選択します。

図B.3●シェルの選択リスト

MicroPythonを選択すると、Thonnyの左下のシェルウィンドウにたとえば次のように表示されます（バージョン番号や日付情報などは、この例と違っていても構いません）。

```
MicroPython v1.23.0 on 2024-06-02; Raspberry Pi Pico with RP2040
Type "help()" for more information.
>>>
```

「ローカル Python 3」を選択すると、MicroPython ではなく Python の環境になります。また、MicroPython のファームウェアをインストールした Pico/Pico W を接続していないと「MicroPython」を選択できません。

Pico/Pico W が認識できなくなったり、不正なプログラムを main.py や boot.py として保存して動作しなくなった場合には、Pico/Pico W を初期化します。初期化するには、まず下記サイトから lash_nuke.uf2 をダウンロードします。

https://www.raspberrypi.com/documentation/microcontrollers/pico-series.html

そして、ブートスイッチを押しながら Pico/Pico W を接続して、Pico/Pico W のフォルダに lash_nuke.uf2 をドラッグ＆ドロップします。その後、ファームウェアを再インストールします。

B.3　micropython

micropython は MicroPython のプログラムを実行できるインタープリタです。
micropython を Linux（ubuntu）でインストールするには次のようにします。

```
$ sudo apt install micropython
```

あるいは、次のコマンドでインストールします。

```
$ sudo snap install micropython
```

micropythonを起動するとREPLのプロンプト「>>>」が表示されます。

```
$ micropython
micropython v1.19 on 2022-0623; linux[gcc 9.4.0] version
Use Ctrl-D to exit, Ctrl-E for paste mode
>>>
```

付録 C　トラブルシューティング

ここでは、よくあるトラブルとその対策を概説します。

C.1　MicroPython 実行時のトラブル

MicroPython でコードやスクリプトファイル（.py ファイル）を実行する際に発生することがあるトラブルとその対策は次の通りです。

◆**入力できない**……………………………………………………………………………◆

- 一部の開発環境や MicroPython のプログラムを実行できる Web エミュレーターでは、標準入力からの入力をサポートしていないものがあります。その場合、input() が期待した通りに動作しません。

◆**エラーになる / 実行できない**…………………………………………………………◆

- マイコンのプログラムは環境やハードウェアに依存する部分があるため、本書のコードを闇雲に実行しようとしても、エラーが表示されたり、予期したように実行できない場合があります。本書の説明をよく読んで理解してから実行可能なプログラムを実行してください。特定の環境における特定のプログラムの動作についてのお問い合わせにはお答えできませんのでご了承ください。
- オンラインエミュレーター（https://micropython.org/unicorn/）は単なるデモンストレーション用途のものなので、すべての機能をサポートしているわけではありません。キーボードからの入力、ファイル入出力、マルチスレッドなどには対応していません。

◆「No module named xxx」が表示される

- モジュールをインストールしてください。インストール方法は環境によって異なります。
- モジュール名を間違えていないか確認してください。
- ソフトウェアを新しいバージョンに更新してください。
- 大文字 / 小文字を実際のファイル名と一致させてください。
- Python ではサポートされているものの、MicroPython ではサポートされていないモジュールである可能性があります。

◆「IndentationError: unexpected indent」が表示される

- インデントが正しくないとこのメッセージが表示されます。
 （C/C++ や Java など多くの他のプログラミング言語とは違って）Python ではインデントが意味を持ちます。前の文より右にインデントした文は、前の文の内側に入ることを意味します。
- 単純に式や関数などを実行するときにその式や関数名の前に空白を入れるとエラーになります。
- インデントすべきでない最初の行の先頭に空白を入れると、このメッセージが表示されます。

◆「SyntaxError」が表示される

- プログラムコード（文）に何らかの間違いがあります。コードをよく見て正しいコードに修正してください。

◆「NameError: name 'xxx' is not defined」が表示される

- 定義してない名前 *xxx* を使っています。タイプミスがないか調べてください。
- インポートするべきモジュールを読み込んでないときにもこのエラーが表示されます。

◆「AttributeError: 'xxx' object has no attribute 'yyy'」が表示される

- *xxx* というオブジェクトの属性（またはメソッド）*yyy* が存在しません。名前を間違えていないか、あるいはタイプミスがないか調べてください。

付録

◆「(null): can't open file 'xxx.py': [Errno 2] No such file or directory」が表示される◆

- スクリプトファイル *xxx*.py がないか、別のフォルダ（ディレクトリ）にあります。OS の cd コマンドを使ってカレントディレクトリをスクリプトファイル *xxx*.py がある場所に移動するか、あるいは、ファイル名の前にスクリプトファイルのパスを指定してください。

付録 D 練習問題解答例

　ここに示すプログラミングの問題の解答例はひとつの例です。プログラミングには同じ目的に対していくつもの正解の可能性がある場合があります。

◆**練習問題 1.1** ··◆
　MicroPython で式「(2.3 × 3.1 + 6.6) ÷ 1.5」の結果を出力してください

```
>>> print( (2.3 * 3.1 + 6.6) / 1.5 )
9.153333
```

◆**練習問題 1.2** ··◆
　MicroPython で、「I am saltydog.」と出力してください

```
>>> print ( 'I am saltydog.')
I am saltydog.
```

◆**練習問題 1.3** ··◆
　エミュレーターまたは Pico/Pico W で LED を点灯してから消灯してみましょう。

付録

エミュレーター（pyboard）の場合

```
# q1_3pyb.py
import pyb
import time

pyb.LED(1).on()
time.sleep(1)
pyb.LED(1).off()
```

Pico/Pico Wの場合

```
# q1_3.py
from machine import Pin
import time

led = Pin("LED", Pin.OUT)

led.on()
time.sleep(1)
led.off()
```

◆**練習問題 2.1** ・・◆

半径を表す radius という名前の変数を作成して、値 5.0 を保存してください。

```
>>> radius = 5.
>>> radius
5.0
```

◆**練習問題 2.2** ・・◆

式「123.5×10.0」を MicroPython の式として表現してください。

```
123.5 * 10.0
```

◆練習問題 2.3

名前を表す name という名前の変数を作成して、あなたの名前を保存してください。

```
name = 'Yamamoto Taro'
```

環境によって日本語は使えない可能性があります。

```
name = '山本太郎'
print(name)
```

◆練習問題 3.1

0.128 と 345.67 を指数表記で表してください。

```
1.28e-1
3.4567e2
```

REPL で実行すると、次のようになります。

```
>>> 1.28e-1
0.128
>>> 3.4567e2
345.67
```

◆練習問題 3.2

実部が 12，虚部が -2 の複素数リテラルを記述してください。

```
12-2j
```

◆練習問題 3.3

整数 123 の変数を定義して、その値を乗算（*）を使わずに 100 倍の整数にしてください。

```
x = 123
x = str(123) + '00'
x = int(x)
print(x)
```

◆練習問題 4.1

半径が 5.0 の円の面積を計算してください。

```
>>> r = 5.0
>>> r * r * 3.14
78.5
```

◆練習問題 4.2

値 12.34 の自乗を計算してください。

```
>>> 12.34 ** 2
152.2756
```

◆練習問題 4.3

最初に年齢を整数で定義してから、名前と年齢を連結した文字列を作成してしてください。

```
>>> age = 16
>>> 'Taro:Age=' + str(age)
'Taro:Age=16'
```

◆練習問題 5.1

10以下の奇数を含むタプルを作って2番目の値を出力してください。

```
>>> odd = (1,3,5,7,9)
>>> odd[1]
3
```

◆練習問題 5.2

1から5までの値の2乗のリストを作って3番目の要素を出力してください。

```
>>> vals = [1, 4, 9, 16, 25]
>>> vals[2]
9
```

◆練習問題 5.3

魚の英語名と日本語の名前のリストを作ってください。

```
fishes = { 'bream':'Tai', 'yellowtail':'Buri', 'flounder':'Karei' }
```

次の例はREPLで魚の英語名と日本語の名前のリストを定義して、yellowtailを検索する例です。

```
>>> fishes = { 'bream':'Tai', 'yellowtail':'Buri', 'flounder':'Karei' }
>>> fishes['yellowtail']
'Buri'
```

◆練習問題 6.1

名前を入力すると、'Hello, (名前)' と出力するコードを REPL で実行してください。

```
>>> name = input('Name=:')
Name=:Tommy
>>> print('Hello,' + name)
Hello,Tommy
```

◆練習問題 6.2

数値を入力するとその 2 倍の数を表示するコードを REPL で実行してください。

```
>>> v = input('Value=:')
Value=:12.34
>>> print('Value * 2 =', v * 2)
Value * 2 = 12.3412.34
```

◆練習問題 6.3

円周率 π（パイ=3.14159265359）を全体で 8 桁、小数点以下 4 桁で出力してください。

```
pai = 3.14159265359
print('{:8.4f}'.format(pai))
```

◆練習問題 7.1

入力された数値が正の数かゼロなら「Positive」負の数なら「Negative」と表示するプログラムを作成してください。

```
v = input('Value:')
if float(v) >= 0:
  print('Positive')
else:
  print('Negative')
```

◆**練習問題 7.2** ··◆
0 から 10 までの数のうち、偶数だけを出力するプログラムを作成してください。

```
for i in range(11):
  if i % 2 == 0:
    print(i)
```

◆**練習問題 7.3** ··◆
数 1、2、3、7、11 のそれぞれの二乗を出力するプログラムを作成してください。

```
v = [1,2,3,7,11]
for n in v:
  print(,{}^2={}'.format(n, n * n))
```

結果は次のようになります。

```
1^2=1
2^2=4
3^2=9
7^2=49
11^2=121
```

◆練習問題 8.1

文字列を定義して、その長さを求めて表示するプログラムを作ってください。

```
msg = 'Hello, MicroPython'
print('Length of', msg, '=', len(msg))
```

◆練習問題 8.2

幅（width）と高さ（height）を受け取って四角形の面積を返す関数を定義してください。

```
def getRectArea(width, height):
    return width * height
```

◆練習問題 8.3

一辺の長さが 3、5、7、11 の正方形の面積を関数を使って求めてそれぞれ表示してください。

```
def getRectArea(width):
    return width * width

for w in [3, 5, 7, 11]:
    print('Area of ',w,'=', getRectArea(w))
```

◆練習問題 9.1

幅と高さで形を表現する Rect（四角形）クラスを定義してください。

```
class Rect:
    def __init__(self, w, h):
        self.width = w
        self.height = h
```

実行例

```
>>> class Rect:
...     def __init__(self, w, h):
...         self.width = w
...         self.height = h
...
>>> r1=Rect(10, 12)
>>> r1.width
10
>>> r1.height
12
>>>
```

◆ **練習問題 9.2**

幅と高さで形を表現する Rect（四角形）クラスに、そのオブジェクトの形状を出力する関数 print() を追加してください。

```
class Rect:
    def __init__(self, w, h):
        self.width = w
        self.height = h
    def print(self):
        print('Rect : Width=', self.width, ' Height=', self.height )
```

実行例

```
>>> class Rect:
...     def __init__(self, w, h):
...         self.width = w
...         self.height = h
...     def print(self):
...         print('Rect : Width=', self.width, ' Height=', self.height )
...
>>> r2=Rect(23, 34)
>>> r2.print()
Rect : Width= 23  Height= 34
```

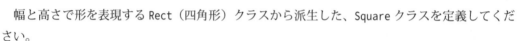

◆練習問題 9.3

幅と高さで形を表現する Rect（四角形）クラスから派生した、Square クラスを定義してください。

```
class Rect:
    def __init__(self, w, h):
        self.width = w
        self.height = h

class Square(Rect):
    def __init__(self, w):
        super(Square, self).__init__( w, w)
    def print(self):
        print('Square : Width=', self.width, ' Height=', self.height )
```

実行例

```
>>> class Square(Rect):
...     def __init__(self, w):
...         super(Square, self).__init__( w, w)
...     def print(self):
...         print('Square : Width=', self.width, ' Height=', self.height )
...
>>> s=Square(45)
>>> s.print()
Square : Width= 45  Height= 45
>>>
```

◆練習問題 10.1

名前をファイルに書き込んでから読み込むプログラムを作成してください。

```
# q10_1.py
f = open('q10_1.txt', 'w')
f.write('Yamamoto taro')
f.close()

f = open('q10_1.txt', 'r')
s = f.readline()
f.close()
print(s)
```

エミュレーターではこのプログラムは動作しません。

付録

◆練習問題 10.2

テキストファイルにあるテキスト行数を調べて出力するプログラムを作成してください。

```
# q10_2.py
f = open('q10_2.txt', 'r')
lines = f.readlines()
f.close()

print('Noumber of lines=', len(lines))
```

 このプログラムは Linux 上の micropython で実行を確認しています。他の環境では動作しない可能性があります。

付録 E　参考リソース

- MicroPython のサイト
    https://micropython.org/
- unicorn のサイト
    https://micropython.org/unicorn/
- MicroPython ドキュメント
    https://micropython-docs-ja.readthedocs.io/ja/latest/
- Thonny
    https://thonny.org
- Python のサイト
    https://www.python.org/
- Python に関する完全な解説
    https://docs.python.jp/3/
- Python のライブラリに関する情報
    https://docs.python.org/3/library/

索引

記号
_	27
...	49
'	14
"	14
#	10, 24
:=	49
=	39
>	10
>>>	4
$	10
__init__	116
__next__()	66

A
AD コンバーター	155
append()	64, 76

B
boot.py	162

C
class	115
close()	126
CPython	162

D
def	103

E
elif	89
else	86, 138
end=	78
except	136

F
False	37
finally	136
float()	43
for	93
format()	79
f-string	83

G
GPIO	157, 162

H
Hello world!	13
help('modules')	6

I
I^2C	162
if	86
import	124
input()	74
int()	43, 75
Iterable	162

J
j	35

L
LED	163
led.off()	151
led.on()	151
Linux	5

索引

M
main.py 163
micropython 168
MicroPython 2
　　終了 12

N
None 38

O
open() 126

P
Pin 19
print() 13, 77
pyb 17
pyboard 3, 164
Python 2

R
range() 40, 94
Raspberry Pi Pico 5, 165
readline() 130
readlines() 132
REPL 9, 10, 163
return 108

S
str() 44
super 120

T
Thonny 166
time.sleep() 146
toggle() 147
True 37
try 136

U
type() 75

U
unicorn 3, 164

W
Webエミュレーター 3
while 90
with 127
write() 126

あ
アセンブリ言語 2
値 34
入れ子 60
インクリメント 91
インスタンス 114
インタープリタ 10, 163
インタラクティブシェル 10
インデックス 61
インデント 26, 86, 103
インポート 124
オブジェクト 114

か
拡張子 15
型 42
関係演算子 50
関数 98
関数内関数 109
偽 37
キーワード 28
空行 24
空白 25
クラス 114
クロージャー 110

継承	118
コメント	24
混在リスト	64

さ

サーボモーター	153
サブクラス	119
算術演算子	46
シーケンス	93
ジェネレーター	66
ジェネレーター関数	67
ジェネレーター式	66
式	29
字下げ	26
辞書	68
実行	16
実数	34
出力	77
初期化関数	116
書式指定	79
書式指定文字	80
真	37
真偽値	37
数値	34
スーパークラス	119
スクリプトファイル	15
セイウチ演算子	49
整数	34

た

代入	39
代入演算子	48
タクトスイッチ	158
タプル	56
置換フィールド	79
テキストエディタ	15
トークン	25

な

名前	27
入力	74

は

配列	59
パラメータ	98, 106
引数	98, 106
ファームウェア	163
ブール値	37
複素数	35, 53
プルアップ	158
プルダウン	158
ブレッドボード	163
プロンプト	9, 10
文	30
変数	14, 39
初期化	40
ボード	163
ホワイトスペース	25

ま

マルチスレッド	142
メソッド	101
文字	27
文字コード	89
モジュール	6, 122
文字列	
乗算	54
リスト	62
連結	53
文字列リテラル	25, 36
戻り値	108

や

優先順位	51
予約語	28

索引

ら

ライブラリ 6
リスト 58
リスト内包表記 63
リストのリスト 65
リテラル 34
例外 136
論理演算子 51

■ 著者プロフィール

日向 俊二(ひゅうが・しゅんじ)
フリーのソフトウェアエンジニア・ライター。
前世紀の中ごろにこの世に出現し、FORTRAN や C、BASIC でプログラミングを始め、その後、主にプログラミング言語とプログラミング分野での著作、翻訳、監修などを精力的に行う。
わかりやすい解説が好評で、現在までに、Python、C/C++、C#、Java、Visual Basic、XML、アセンブラ、コンピュータサイエンス、暗号などに関する著書・訳書多数。

MicroPython プログラミング入門
―マイコン制御のためのプログラミングの知識を学ぶ―

2024 年 11 月 10 日　初版第 1 刷発行

著　者	日向 俊二	
発行人	石塚 勝敏	
発　行	株式会社 カットシステム	
	〒 169-0073　東京都新宿区百人町 4-9-7　新宿ユーエストビル 8F	
	TEL （03）5348-3850　　　FAX （03）5348-3851	
	URL　https://www.cutt.co.jp/	
	振替　00130-6-17174	
印　刷	シナノ書籍印刷 株式会社	

本書に関するご意見、ご質問は小社出版部宛まで文書か、sales@cutt.co.jp 宛に e-mail でお送りください。電話によるお問い合わせはご遠慮ください。また、本書の内容を超えるご質問にはお答えできませんので、あらかじめご了承ください。

■ 本書の内容の一部あるいは全部を無断で複写複製（コピー・電子入力）することは、法律で認められた場合を除き、著作者および出版者の権利の侵害になりますので、その場合はあらかじめ小社あてに許諾をお求めください。

カバー制作　合同会社ウワイ　　© 2024 日向俊二
Printed in Japan　ISBN978-4-87783-530-9